우주의 코드 3·6·9
오징어게임과 한류 수비학 천부경

우주의 코드 3·6·9 오징어게임과 한류 수비학 천부경

| 2025년 7월 15일 발행 | 편저자 이찬구 | 펴낸이 이연숙 |
| 펴낸곳 도서출판 덕주 | 편집주간 안영배 | 편집디자인 강동영 |
| 출판신고 제2024-000061호 |
| 주소 서울시 종로구 삼일대로457 1502호(경운동) | 전화 02-733-1470 | 팩스 02-6280-7331 |
| 이메일 duckjubooks@naver.com | 블로그 blog.naver.com/duckjubooks |

ISBN 979-11-993462-0-8

ⓒ 이찬구, 2025

| 출판사와 저작권자의 허락 없이 이 책의 도판과 텍스트 사용을 금합니다. |
| 책값은 뒤표지에 있습니다. 잘못된 책은 구입처에서 바꾸어 드립니다. |

우주의 코드 3·6·9
오징어게임과 한류 수비학 천부경

이찬구 편저

작가의 말

2024년 10월 발매 이후 세계를 강타한 노래가 있다.
"아파트~ 아파트~ 아파트~아파트~"
K팝 스타 로제의 '아파트'가 세계 모든 나라의 음원사이트를 점령했다. 놀라운 일이다. 이 '아파트'를 들어보면 우리 전통놀이 '369~ 369~'와 리듬이 같다. 아파트와 369, 그리고 테슬라.

우리는 곧잘 '가장 한국적인 것이 세계적인 것'이라고 말해 왔지만 그것이 사실로 입증되기까지는 많은 노력과 시간이 필요했다. 강남스타일, 오징어게임, BTS 등이 있어 이제는 자신있게 말할 수 있다. 가장 한국적인 것이 세계적인 것이다. 이는 보편성의 확장을 의미한다.

또 하나 주목할만한 사실은, 세계적인 것은 언제나 한국적인 것을 담고 있다는 것이다. 어째서 그러한가? 한국적인 것, 즉 한국의 오랜 문화가 본질에서 세계 문화의 원형을 담지擔持하고 있기 때문이다. 세계 문화의 꼭대기에 한국 문화가 자리잡고 있는 것과 같다. 이는 최고最高가 아니라, 가장 오래된 최고最古이다.

그러므로 우리는 늘 손상되지 않은 한국 문화의 원형을 찾아내고 잘 가꾸어야 한다. 그것이 세계 문화의 원형을 보존하는 일과 같기 때문이다. 그래서 한국 문화는 하나하나가 소중하다.

한국문화 속에는 옥석玉石이 들어있다. 이 옥석을 가리기 위해서는 우리가 하나의 철학을 준비해야 한다. 철학이 없으면 옥석을 혼동해서 우리의 보배를 깨뜨릴 위험이 있다. 천부경天符經은 우리가 이 옥석을 구분하는데 필요한 혜안慧眼이 되어 줄 수 있다.

천부경은 일시무시일一始無始一로 시작하여 일종무종일一終無終一로 끝나는 81자의 짧은 한문 경전으로, 우주 창조의 이치를 담고 있는 우리 경전이다. 천부경 속에는 원방각(○□△)이 있고, 369가 있고, 천지인天地人이 있다. 또 천부경 속에는 하나의 묘妙함이 있고, 변하면서도 변하지 않는 근본根本이 있고, 시작도 끝도 없는 무시무종無始無終의 생명활동生命活動이 있다. 그리고 그 모든 것을 관통하는 인간의 존재가 있다.

이 책은 2021년 9월에 방영된 넷플릭스 오리지널 '오징어게임'에 등장하는 원방각에 자극을 받아 집필하게 되었다. 세계인들이 원방각의 이미지를 알게 된 만큼 우리가 이에 대해 설명해 줄 수 있는 자료를 준비하는 것은 너무도 당연하다. 그리고 여기에다가 서양에서 나온, 좀 낯선 '테슬라 369'를 보탰다. 테슬라 숫자 369를 '천부경도' 우수㝢數인 369와 연결해 설명함으로써 세계인들이 천부경을 공감할 수 있는 폭을 넓히도록 애써 보았다.

처음 계획과 달리 차일피일 미루다가 5년만에 책이 나오게 되었다. 오로지 김학경 선생님이 편집에 도움을 주었기에 마칠 수 있었다. 끝으로 어려운 가운데 출판을 허락해주신 이연숙 덕주 대표님께 깊이 감사를 드린다.

2025년(乙巳) 6월 편저자 이 찬 구 識

차례

작가의 말 ·· 8
1부 천부경의 유래와 전승 ·· 13
1장 천부경의 유래 ·· 14
2장 천부경의 전승 경로
1916년 이전의 전승 ··· 16
삼성사의 천부보전 ··· 16
비석에 새겨진 천부경석 ··· 17
'태백일사太白逸史' 천부경 ·· 19
1916년 이후의 전승 ··· 21
'단탁檀鐸'의 석벽본 천부경과 천부경도 원본 ········· 21
'정신철학통편精神哲學通編'의 단군 천부경 ············ 25

2부 자연과 역사에서 찾는 천부경 원리 ·· 29
1장 유와 무, 음양의 철학
나무로 본 유有의 '있음'과 무無의 '없음' ················· 30
'없'과 '있'은 음陰과 양陽 ··· 31
일一과 무無, 북극성의 자리 ····································· 32
2장 태양과 광명
천기天氣와 지기地氣 ··· 36
태양 숭배와 우주 광명 민족 ···································· 39
(1) 만주와 한반도에 발견되는 태양 문양 ··············· 39
(2) 태양체와 해바라기 ··· 43
3장 천지인과 삼신 사상
삼족오三足烏와 신교神敎 ··· 48
삼신일체三神一體 ··· 50
역사적 인격체인 환인·환웅·단군과 '밝' ················· 52
천지인과 홍익인간 ··· 55
천부경과 삼태극 ··· 57

3부 천부경의 다양한 해석 ··· 61
1장 전병훈의 단군 천부경 해석
단군 천부경 서언 ··· 62
원문 81자 및 주석에 의한 재해석 ·························· 65
2장 대일항쟁기의 천부경 해석
권덕규의 단군천부경해 (1921년) ···························· 67
대종교의 '천서'(1922년) ··· 68
이용태의 천부경 현토 (1930년) ······························ 68
김영의의 '천부경주해'(1937년) ······························ 70

        독립운동가들의 천부경 찬 ·· 73
    3장 현대의 천부경 해석
        불승 탄허의 천부경 현토 (1982년) ······················· 75
        원불교 김대거의 천부경 해석 (1994년) ··················· 78
        서예가 손경식의 천부경 해석 (1996년) ··················· 82
        주역학자 김석진의 천부경 해석 (2009년) ················· 84

4부 천부경과 원방각 ··· 89
    1장 원방각의 철학적 기초
        가위바위보는 숫자로 2-1-3 ······························· 90
        원-방-각의 천부 3인 ····································· 92
        한글 속의 원방각 ·· 93
    2장 원방각 속 원형의식과 민족의식
        원방각은 인류의 원형의식 ································ 97
        유적에 나타난 원방각과 천원지방 ························· 98
        민족과 나라를 지킨 원방각 ······························ 103
    3장 민속 문화에 등장하는 원방각
        원을 상징하는 강강술래 ································· 105
        네모를 상징하는 땅따먹기 ······························· 108
        원방각이 모두 담긴 오징어 놀이 ························· 109
        고수레와 홍익인간 ······································ 113
        단군檀君과 천지인 ······································ 117

5부 3·6·9와 우주의 질서 ·· 123
    1장 테슬라 코드-우주의 열쇠
        테슬라 코드 369 ·· 124
        숫자와 상징 ·· 127
        피타고라스의 수 ·· 128
        테슬라가 발견한 자연계의 패턴 ·························· 129
    2장 천부경과 369
        369로 해석하는 천부경 ·································· 132
        음양 속 369와 천부경 ··································· 161
        마르코 로댕의 원초적 통일점 ···························· 168
        원초점 통일점으로 '369 천부경도형' 그리기 ·············· 172

글을 마치며 ··· 184
인명색인 ·· 186
참고문헌 ·· 187

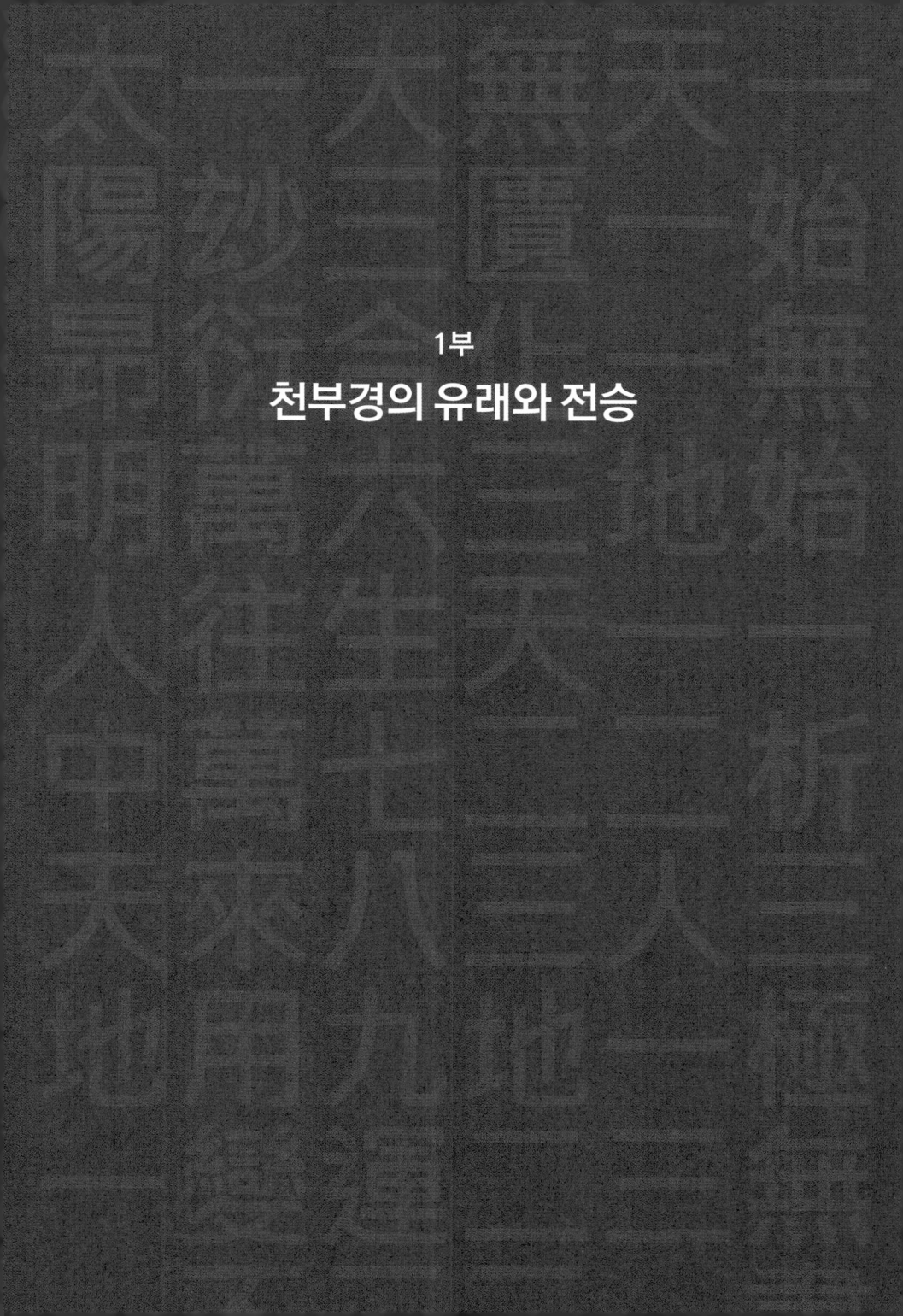

1부
천부경의 유래와 전승

1장 | 천부경의 유래

한자 81자로 이뤄진 천부경은 우리 고유의 경전으로 알려져 있지만 아쉽게도 전승이나 판본이 불명확하다. 글자가 약간 다른 판본도 있고, 여기에 더해 각양각색의 난해한 해석들까지 나돌고 있어서 천부경에 대한 접근을 더욱 어렵게 만들고 있다.

게다가 일부에서 천부경을 경전처럼 신성불가침한 영역으로 설정함으로써 자유로운 학술적 연구에 방해가 되는 부작용도 없지 않다. 일부 강단학계에서는 이를 빌미 삼아 천부경을 우리나라 민족종교가 태동하던 근대 시기에 만들어진 위서僞書로 몰아붙이는 행태도 서슴지 않고 있다.

천부경은 상고시대 때부터 입에서 입으로 전해 내려온 글이라고 한다. 환웅이 하늘에서 내려온 뒤 신지혁덕神誌赫德에게 명해 사슴 발자국 모양의 문자인 녹도문鹿圖文으로 기록하도록 하여 오랫동안 전해오다가, 신라시대에 고운 최치원이 전자篆字로 쓰인 옛 비석을 보고 이를 81자 한문으로 번역하여 비전秘傳하였다는 것이다. 천부경에 대해 전설처럼 따라붙는 이같은 전승은 보다 합리적으로 따져볼 필요가 있다.

먼저 천부경 판본의 전승과 관련하여 중요한 기점이 된 사건은 1916년 묘향산 석벽본의 발견이라고 할 수 있다. 계연수[1]는 1916년 9월 묘향산 어느 바위에 새겨진 천부경을 발견해 그 글씨를 탁본하는 데 성공하였다. 이듬해인 1917년에 계연수는 이 석벽 탁본을 서울에 있는 단군교본부(대표 정훈모)로 서신과 함께 보내게 된다. 이때 그가 보낸 서신 1통(이를 '단군교당 서신'이라 함)이 천부경의 실존을 세상에 알리는 데 근거가 되었다. 천부경 출

---

[1] 계연수(桂延壽, 1864~1920): 호는 운초. 해학 이기의 문인으로 애국계몽 및 독립운동에 투신했다. 1911년에 '삼성기'와 '단군세기'등을 모아 '환단고기'를 편찬함으로써 한국 고대사 연구에 획기적인 전기를 만들었다. 1916년 묘향산 석벽에 새겨진 천부경을 탁본하여 세상에 알린 것으로 유명하다.

처에 대해 연구해온 일본인 학자 사사 미츠아키佐佐充昭는 "1917년 초경부터 천부경이 세상에 유포되기 시작하였음을 알 수 있다"라고 하여 단군교당 서신을 중요시하였다.

계연수가 단군교당 앞으로 보낸 서신의 일부를 살펴보면 다음과 같다.

> 단군교당檀君教堂 도하道下
>
> "…저는 이 말씀(석벽에 새겨진 천부경을 찾으라는 스승의 말)을 명심하고 그 글(천부경 석벽본)을 얻고자 하였으나 구할 수 없었습니다. 성품을 수련하고 약초 캐기를 일삼아 10여 년간 여러 산을 구름처럼 떠돌다가 지난 가을날 태백산에 들어가 깊은 골짜기를 더듬어 인적이 닿지 않는 곳에 이르렀는데, 시내 위의 석벽에 옛 새김古刻이 있는 것을 발견한지라 덮인 이끼를 손으로 쓸어내니 글자의 획이 선명하게 드러나는데 바로 (석벽)천부경이었습니다. 저는 두 눈이 홀연히 밝아지며 절을 하고 꿇어앉아 경건하게 들여다보니 한편으로는 단군의 보배로운 글임에 기뻤고, 또 한편으로는 고운선생의 신기한 발자취라 매우 기뻤습니다. …… 길에서 서울 가는 사람을 만나 이 박은 책을 보내드리오니 바라건대, 이 글 뜻을 풀어 중생들에게 가르치면 그들이 꼭 복록을 얻고, 교운敎運이 이로부터 일어날 것이니 그윽이 귀 교의 하례가 될 것입니다. ……
> 정사丁巳(1917) 정월 초십일正月初十日 향산유객 계연수香山遊客桂延壽 재배再拜"

이 서신은 천부경이 최소한 단군시대의 글이며, 신라말 고운 최치원에 의해 석벽에 새겨진 천부경의 존재가 알려졌는데 그 실물을 비로소 확인했다는 것이다. 하지만 아쉽게도 그 석벽본에 대해서는 뒤에서 설명할 '단탁'에 의존할 수밖에 없다. 현재로서는 묘향산 석벽본이 기록상 인정되는 최초의 천부경이라는 것이 학계의 대체적인 의견이다.

이제 천부경 석벽본을 발견한 1916년을 기준으로 삼아 그 이전과 이후로 나누어 천부경의 전승 과정을 구체적으로 살펴보고자 한다.

| 2장 | 천부경의 전승 경로

1916년 이전의 전승

삼성사의 천부보전

조선 정조正祖(1752~1800)는 1781년 구월산 삼성사三聖祠에서 환인, 환웅, 단군에게 제를 지냈다. 그때 올린 치제문致祭文에 아래와 같은 문장이 나온다.

> "빛나는 단군께서 우리 동방에 처음 나시니 덕이 신명에 합하였다.……천부보전天符寶篆이 비록 징험할 바 없지만 신神과 성聖이 서로 이었고 우리 역사에 일컫는 바이니 세상에 전해진 지 얼마인가?" —'문원보불文苑黼黻' 제14책

여기서 등장하는 '천부보전'이라는 말이 눈길을 끈다. 환인, 환웅, 단군을 삼성三聖이라고 받들어 제사 지내는 글에서 '천부'라는 용어가 등장하는 것이 예사롭지 않다. 이 용어가 최소한 단군시대와 연관되는 것으로 보이기 때문이다.

사실 유교를 국시로 삼고, 중국을 사대한 조선에서도 우리 민족의 시조를 완전히 버리지는 않았던 것같다. '성종실록成宗實錄'에도 단군과 그 아버지 환

웅, 할아버지 환인을 일컬어 삼성三聖이라 하고, 사우祠宇를 세워 제사를 지냈다는 구절성종3년, 서기 1472.2.6기록이 나오기 때문이다.

물론 환인, 환웅, 단군을 제사 지내는 제문에 등장하는 '천부보전'이 곧 천부경이라고 단정짓기에는 무리가 따르긴 하나, 상고시대에 천부天符를 전하는 보전寶篆이 있었다는 것은 분명하다.

이와 관련해 정조 시기에 활동한 기정진[1]의 전비문篆碑文을 주목해볼 필요가 있다. 먼저 '한민족의 뿌리사상' 저자 송호수 박사는 "1957년에 출간한 '단군철학석의(저자 김형탁)'에 기록된 천부경이 기정진의 전비문에서 유래했다"고 밝혔다. 곧 김형탁의 천부경이 기정진의 전비문이라는 것이다.

기정진은 어릴 때 이 전비문(천부경)을 보았다고 했다. 대략 그 시기를 따져보면 1800년대 초반의 일이다. 따라서 기정진이 전비문을 본 시기와 정조의 치제문 작성시기(1781년)가 그리 멀지 않은 시간대라고 볼 때, 천부보전이 오늘날의 천부경일 가능성이 높다.

게다가 천부경을 흔히 전비篆碑 혹은 보전寶篆으로 부른다는 점도 이런 가능성에 힘을 보태준다. '고운선생사적' 속의 '단전요의'에는 천부경을 단군전비檀君篆碑라고 칭한 것에서 이를 확인할 수 있다.

비석에 새겨진 천부경석

1916년에 발견된 묘향산 석벽본과 달리 1905년에 새겨진 '천부경 선돌'이 공개된 바 있다. 편저자가 2019년 논문을 통해 공개한 이 선돌은 1916년 묘향산 석벽본을 기준으로 한 전승과는 또 다른 갈래의 전승 경로가 있을 수 있음을 확인하게 해주는 귀중한 자료다.

---

[1] 기정진(奇正鎭 1798~1876): 호는 노사. 조선 후기에 '정자설' '이통설' '노사집' '답문유편' 등 중요한 성리학 저술을 남긴 학자다.

편저자가 현장을 찾아가 조사해본 결과, 선돌이 있던 원 소재지는 충남 아산시 송악면 송학리의 길상사 위쪽의 우측 700~800m의 절터골로 추정됐다. 이 송학리의 천부경 석각을 '천부경석天符經石'이라 칭하였다.[1]

어느 폐사된 암자에서 발견된 천부경석은 현존 천부경의 경문과 일치하는 9글자와 1개 도부를 각석해 세운 선돌이다.

선돌의 높이는 84cm, 아래 큰 폭이 41cm이다. 선돌과 함께 보존되어 있던 상량목도 암자가 헐리면서 발견돼 어느 수집가가 소장하게 되었다.

이곳에 선돌을 세운 연대는 광무 9년[1905년]이다. 1905년은 한반도에 암울한 위기가 닥쳐오던 때였다. 그해 11월 17일 일본과 을사늑약이 체결되자, 장지연[2]은 '시일야방성대곡是日也放聲大哭'이라는 논설을 게재하여 국민의 울분을 대변하였으며, 민영환은 자결하기까지 하였다. 이같은 시기에 천부경 선돌이 한 시골마을에 세워졌다는 점은 민족의식 고취라는 시대 정신과 무관하지 않을 것이다.

一始無始一　　一始無始一　　一積十鉅　　一積十鉅 우측 옆면 사진
앞면 탁본　　　앞면 사진　　　우측 옆면 탁본

---

1) 구체적인 사항은 편저자의 논문 '천부경석 발견으로 본 천부경 전승 과정과 재고찰'을 참조

2) 장지연(張志淵 1864~1921): 호는 위암. 대한제국기 황성신문사 사장, 경남일보 주필 등을 역임한 언론인이다. 일제에 의해 강제적으로 을사늑약이 체결되자 일제 침략의 부당성을 고발하였고, 이로 인해 투옥됐다.

송학리 천부경석을 자세히 살펴보면 4면체의 돌 형식이다. 그 중에 앞면과 우측 옆면 2개면에 한자 9글자 '一始無始一, 一積十鉅'와 그림 1건, 연대인 '光武九^{광무구}'가 새겨져 있다. 혹시 光武九에 연^年자가 빠졌다고 의심할 수도 있으나 민간에서 세운 것임을 인지하면 별 문제는 없을 것이다.

한자 9글자는 오늘날 전하는 천부경 81자 중의 9글자와 똑같다. 그리고 삼태극이나 삼환^{三環} 문양 같은 도부^{圖符}가 있고, 각석 연대가 새겨져 있다.

이 각석은 천부경 81자가 다 기록돼 있지 않아 아쉽지만 천부경의 연원을 끌어올리는 데 있어서 중요한 자료임은 분명하다.

'태백일사^{太白逸史}' 천부경

1916년의 묘향산 석벽본 이전인 1911년에 출간됐다는 '태백일사 천부경'에 대한 기록도 전해진다. '묘향산 석벽본' 발견의 주인공인 계연수가 합편한 '환단고기'의 범례에 의하면 1911년^{광무15년}에 이 책 30권이 출간되었다고 했다. 즉 1911년에 발간한 '한단고기'의 '태백일사' 편에 천부경 글자가 실려 있다는 것이다. 그러나 현재까지 그 원본이 전해오지 않기 때문에 학계로부터 1911년 천부경 출현설은 인정받지 못하고 있다.

국내에서는 '환단고기'의 원본 영인본이 1979년에 발간되었다. 광오이해사^{光吾理解社(대표 박기엽)}는 이 책을 1979년 9월 10일자로 100부 한정판 발행(출판)하였다. 그 중 1권이 시립영등포도서관에 접수되었는데, 접수일자 및 접수번호가 '1979. 12. 20. 20548'로 날인돼 있다. 편저자도 이 1979년 판본을 소장하고 있다.

1979년 광오이해사의 발간 이후 오자^{誤字}가 있다고 하여 배달의숙^{倍達義塾}에서 수정본을 발간하였다. 따라서 국내 '환단고기' 원본 영인은 광오이해사와 배달의숙, 두 판본이 있다. 이 영인본 출간 이후에 번역본이 발간됨에 따라 그 안에 수록돼 있던 '태백일사' '소도경전본훈蘇塗經典本訓'의 천부경 81자가 비로소 대중에게 널리 알려지게 됐다. 1980년대 이후 대중에게 지대한 영향을 준 이 천부경을 '태백일사본'이라고 칭한다. 이 '태백일사본'과 '묘향산 석벽본' '단탁'게재본은 일단 분리해서 이해할 필요가 있다.

> **태백일사본 81자**
> 一始無始一析三極無盡本
> 天一一地一二人一三一積十鉅
> 無匱化三天二三地二三人二三
> 大三合六生七八九運三四成環五七
> 一妙衍萬往萬來用變不動本本心本
> 太陽昻明人中天地一一終無終一

천부경과 함께 '삼일신고三一神誥'를 싣고 있는 '태백일사'는 16세기에 이맥[1]이 엮은 것이다. 그런데 이 '태백일사'의 원본 소장자는 이기[2]이다. 이기는 1894년 동학혁명의 현장에도 참여하였고, 을사오적을 처단하는 데도 가담한 인물이다.

한편 이와는 별도로 1913년에 기록된 새로운 천부경 자료가 발굴된 바 있다. 1910년 나철과 분립한 단군교의 정훈모(1868-1943)가 1913년 친필로 쓴 수첩 속에서 천부경이 발견된 것이다. 정훈모의 친필 천부경에는 다음과

---

1) 이맥(李陌, 1455~1528): 호는 일십당, 조선 전기의 문신이다. 1474년(성종 5년) 사마시 진사과 합격, 1498년(연산군 4년) 식년시 병과에 합격했다. 당시 연산군의 총애를 받아 사치스러운 생활을 하고 있던 장숙용을 여러 차례 탄핵했다는 이유로 연산군의 미움을 사서 유배되기도 했다. 1506년 중종 반정 이후에 다시 관계에 진출하여 성균관사예와 사헌부장령, 동지돈령부사를 역임하였다. 성품이 매우 강직하고 매사에 공정하였다고 전해진다.

2) 이기(李沂, 1848~1909): 호는 해학. 조선말 실학 사상가이자 계몽운동가였다. 그는 선각적인 경세가로서 1906년 대한자강회를 조직하는 등 항일구국운동에 참여했다. 1909년에는 대종교 창립에 참여했다. 저서로 '해학유서'가 있다.

같이 부기돼 있다.

> "단군천부경 81자는 최치원이 신지의 전자를 해석한 것이다. 암송하고 제사 드리면 복이 나리고, 재앙을 막고 피할 수 있다."
> 檀君天符經八十一字, 崔致遠, 解神志篆. 誦享壽福, 箴退灾殃

이는 천부경이 종교인의 수련에 활용되었음을 알 수 있다.

1916년 이후의 전승

'단탁檀鐸'의 석벽본 천부경과 천부경도 원본

1916년 9월 계연수가 묘향산에서 탁본한 '묘향산 석벽본'에 대해서는 앞에서 살펴본 바 있다. 탁본을 받은 단군교는 1921년 11월 12일에 창간한 '단탁檀鐸'이라는 교단 잡지에 이 내용을 실었다. 계연수가 보낸 서신과 천부경天符經과 천부경도天符經圖를 게재해 대대적으로 홍보를 하였다. '단탁'을 통해 석벽본 천부경 81자를 인쇄물로 확인할 수 있으나 탁본을 볼 수 없는 한계가 있다.

단군교는 교단 조직을 활용하여 지식인과 일반인에게 천부경을 알리는 데 주력하였다. 급기야 불교계 '조선불교청년회 통도사지회' 잡지인 '조음潮音'(1921년 11월)에까지 천부경과 천부경도가 실렸다.

천부경(단탁 1921)　　　　천부경도(단탁 1921)

'단탁'에 실린 천부경 81자와 천부경도

　'단탁'은 천부경에 대해 "단군께서 태백산 단목 아래에 내려오실 때 가지고 오신 천부경"이라고 설명하고 있다. 이어 '천부경도'에 대해서는 "단군 천부경 81자는 신지神志의 전자篆字인데, 옛 비문에서 발견하여 그 글자를 해석해 백산白山에 공경히 새겨놓았다. 최치원"이라고 적으면서 특히 석벽본 천부경과 '천부경도'를 최치원의 것으로 연계해서 설명하고 있다.

　그런데 '천부경도'는 이 문헌 외에는 어디서도 확인되지 않는 자료이다. 게다가 '천부경도'에 대한 연구도 별로 이뤄지지 않고 있다. '천부경도'는 원原과 화化, 원위原位와 화위化位, 원화原化 합일合一의 3단계로 도상화圖像化한 것이다. 원과 화는 6, 7로 구성되고, 원위와 화위는 3, 4로 구성되며, 원화와 합일은 9와 1에 의미를 부여하고 있다.

　이 도상의 숫자를 위치별로 묶으면 가운데에 258이 있고, 오른쪽에 936,

왼쪽에 147이 있다. 이는 뒤에서 말할 '부도지符都誌'의 3정 수리와 테슬라 수리와도 일치하는데, 편저자는 이를 '천부경도의 좌우중 3수'라고 한다.

다시 말해 '부도지'에서 １４７은 처음 나오는 성수性數, ２５８은 중간의 법수法數, ３６９는 마지막의 체수體數라고 한다.[1]

이에 대해 편저자는 '천부경도'의 ９３６은 우수右數, １４７은 좌수左數, ２５８은 중수中數라고 칭한다.

이 중에 1은 일시一始와 일종一終을 이루므로 '천부경도'에서는 1을 합일수合一數라고 한다. 그리고 생장성生長成의 원리에 따라 7은 생수生數, 8은 장수長數, 9는 성수成數가 된다. '천부경도'에서는 9를 원화수原化數라 하여, 1과 9를 동등한 자리에 놓았다.

신라 눌지왕 때 박제상이 저술했다는 '부도지'가 세상에 공개되기 이전에 이미 '천부경도'가 '부도지'와 같은 수리철학을 표현하고 있다는 것은 매우 놀랄 만하다. 독창성이라는 측면에서 살펴볼 때도 '단탁'에 실린 '천부경'과 '천부경도'를 신뢰할 수 있다고 할 것이다.

다만 '단탁'에 실린 '천부경'의 탁본이 함께 게재되지 않고 오늘날의 한자로 옮겨진 것이 다소 불만이다. 그러던 차에 이 천부경도의 원본으로 추정되는 자료를 발견하였다. 아직까지 아무도 이 자료에 주목하지 않았으나 편저자는 이 탁본의 제목이 천부경도天符經圖라는 점에 주목한다.

이 '천부경도'가 곧 계연수가 '단탁'에 전한 탁본일 가능성이 높다. 왜냐하면 아무도 '천부경도'를 보거나 언급한 적이 없기 때문이다. 이것이 맞다면 편저자는 이 '천부경도'의 81자가 곧 '묘향산 석벽본'이 아닌가 생각한다. 이것으로 '단탁'에 천부경 탁본을 보낸 계연수의 편지가 신뢰할 수 있는 자료

---

[1] 이에 관하여는 이찬구 '고조선의 오행과 역법연구' 한누리미디어 2021, 157~161쪽에 이미 상세하게 설명했다. 일우선생은 이를 하도낙서로 설명을 했다. https://blog.naver.com/highlinedosa/220596691021

라는 점을 어느 정도 입증할 수 있다. 다만 원原과 화化의 도상화에 관한 탁본이 없고, 81자 경문 탁본만 있는 것이 아쉽다.

아래 탁본에는 81자 중에 '대삼합육 생칠팔구'에서 합合 자와 생生 자 사이의 오른쪽 옆에 육六 자를 비껴 쓴 것이 좀 이상하지만, 81자임에는 틀림없다. 또 다할 궤匱 자를 말채나무 궤樻자로 썼고, 묘연妙衍 자를 묘연杳演 자로 썼다. 앞으로 동음상이同音相異한 글자를 더 밝혀야 할 것이다.

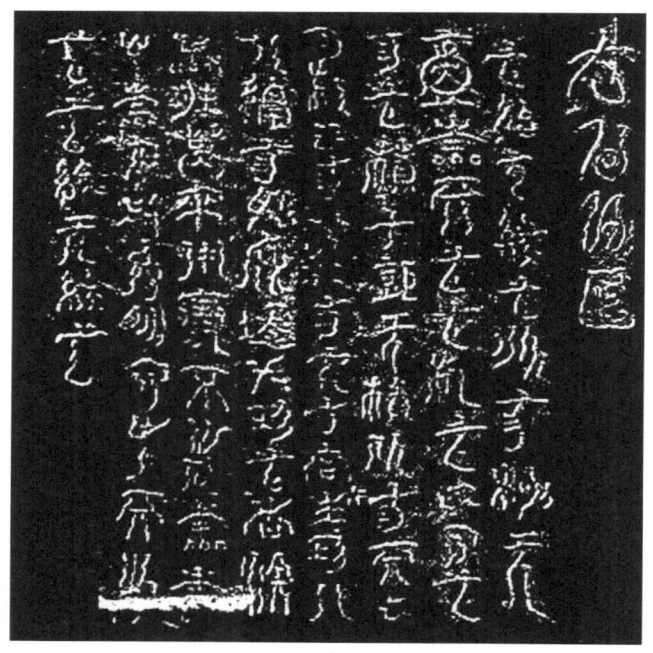

천부경도와 일시무시일 : '일시무시일' 이하 글자는 '천부경'이지 '천부경도'가 아니다. 한문어법상 문장의 왼쪽 끝에 제목을 붙이는 것으로 보자면 '천부경도' 오른쪽에 어떤 그림(단탁의 그림)이 있었다는 것을 가리킨다. 따라서 '천부경'이라는 제목은 '일종무종일' 끝에 붙였을 것이다. 이 탁본을 처음 인용한 이가 '천부경도'의 오른쪽에 있던 그림을 빼놓고 '천부경도'와 81자 천부경 본문을 같이 실어서 '천부경도'가 제목인줄 착각하게 만들었다.

'정신철학통편 精神哲學通編'의 단군 천부경

1921년 11월 '단탁'에 천부경이 소개되기 1년 전인 1920년에 중국에서도 천부경이 공개됐다. 바로 전병훈全秉薰,1857-1927년이 발간한 '정신철학통편'에 천부경 81자가 실린 것이다.

전병훈은 평안남도 삼등현에서 태어나 고종 29년1892년에 의금부 도사를 지냈고, 대한제국 광무 3년1899년에는 중추원 의관을 지냈다. 순종이 즉위하던 해1907년에 관직을 버리고 중국 광동으로 건너가 정신 분야 연구에 몰두했다고 전해진다. 이후 북경에서 '정신철학사'를 건립해 제자 양성과 집필 활동을 해왔다. 이 즈음에 북경에서 나온 책이 바로 '정신철학통편'이다.

전병훈은 천부경을 입수하게 된 과정을 자신의 저서에서 밝혀 놓았다. 계연수가 묘향산 석벽본을 서울 단군교당으로 보낸 후 천부경이 사방 각지로 퍼져나가던 1918년 경, 북경의 전병훈 역시 유학자 윤효정尹孝定,1858~1939년으로부터 천부경을 받았다고 했다.

독립운동가인 윤효정은 '태백일사'원본 소유자인 이기와 함께 대한자강회 창립1906년에 참여했다. 또 윤효정은 '대한자강회 월보'에서 주로 장지연, 이기, 박은식 등과 고정 필진으로 활약하였다. 이 때문에 윤효정은 천부경에 대해 익히 파악하고 있었을 것으로 추정된다.

게다가 윤효정은 전병훈에게 천부경을 전달할 당시인 1918년에 단군교의 '대선사'라는 직책으로 활동하고 있었다. 다만 이들의 개인적인 정치 성향은 단정해 말할 수가 없다.

```
天符經原文 八十一字
一始無始一析三
極無盡本天一一
地一二人一三一
積十鉅無匱化三
天二三地二三人
一三大三合六生
七八九運三四成
環五七一妙衍萬
往來用變不動本
本心本太陽昂明
人中天地一一終
無終一
```

전병훈이 밝힌 천부경 원문

전병훈은 '정신철학통편'에 천부경 81자와 함께 '천부경주해'를 서두에 실어 책을 완성하였다. 이것이 우리가 볼 수 있는 천부경 주해서 중 최초이다. 이름도 처음으로 '단군천부경'이라고 붙였으며 그 편명도 '단군천부경주해檀君天符經註解'로 표기돼 있다.

참고로 천부경 81자는 '단탁'의 것과 일치하였으나 '천부경도'의 그림은 이 책에서는 전혀 언급하지 않고 있다. '천부경도'가 전달되지 않은 것인지, 아니면 전병훈이 해석을 유보한 것인지는 확인할 수 없다. 다만 설명문 "檀君天符經八十一字 神志篆 見於古碑 解其字 敬刻白山 단군천부경팔십일자 신지전 견어고비 해기자 경각백산"이란 글귀는 일치한다.

중국에서는 전병훈 외에 또 다른 이가 천부경에 대해 언급한 바 있다. 1905

년 중국으로 망명한 창강 김택영[1]은 1922년에 발간된 '차수정잡수借樹亭雜收'에서 천부경의 유래에 관해 역시 전병훈과 비슷한 내용의 말을 전해 주고 있다. 다만 이 두 사람이 교유했다는 근거는 아직 발견되지 않고 있다.

김택영은 자신의 입수 경위를 말하지는 않았지만, 천부경 주해 말미에 다음과 같이 그 유래를 밝혔다.

> "대한제국이 망한 7년[1917년] 평안도 사람 계연수가 태백산에 약을 캐러 갔다가 신라학사 최치원이 절벽에 갈아 새긴 천부경이란 것을 보았으니, 아마도 단군의 신하인 신지가 전서篆書로 비에다가 경을 새겨 두고서 단군의 탄생지에 세워두었던 것이었는데 최치원이 잡힐까 두려워 그 산에 도망해 들어갔다가 이를 해서로 풀어서 다시 새긴 것인 듯하다. 계연수가 이를 이상하게 여겨 탁본해 가지고 돌아와서 세상에 전했으니, 이에 사람들이 단군을 믿지 않을 수 없게 되고 더욱이 그가 신성함을 알았다.…"

이상의 기록을 살펴볼 때 현재로서는 1920년 전병훈의 '정신철학통편'에 실린 천부경과 1921년 11월 '단탁'에 실린 천부경이 공식적으로 국내외에서 공개된 첫 번째 천부경이라고 할 수 있고, 그 바탕은 된 것은 계연수의 '묘향산 석벽본'이라고 할 수 있다.

---

[1] 김택영(金澤榮 1850~1927): 호는 창강. 조선 후기에 한문학에 대한 정리 및 평가, 역사 서술 작업에 힘썼다. '여한구가문초麗韓九家文鈔' '한국역대소사韓國歷代小史' '창강고(滄江稿)' 등을 저술했다. 김택영은 황현, 이건창과 함께 위기에 처한 나라를 구하자고 의기투합한 바 있으며, 훗날 한일병탄에 항의하여 자결한 황현의 행장과 시문을 모아 '매천집' 등을 출간하기도 했다.

2부
자연과 역사에서 찾는 천부경 원리

| 1장 | 유와 무, 음양의 철학

나무로 본 유有의 '있음'과 무無의 '없음'

세계와 우주의 원리를 이해하는 방법에는 다양한 방식이 존재한다. 그리고 오랜 역사를 거쳐오며 축적된 우리 민족의 사고 체계는 우주의 섭리를 어떤 문화 체계보다 잘 설명하고 있다. 그것이 바로 천부경 81자이다.

그러나 천부경을 직접 파고들어 이해한다는 게 결코 쉬운 일은 아니다. 천부경을 알기 위해서는 일단 우리 민족의 사유 체계와 우주의 원리를 읽고 해석하는 안목을 기를 필요가 있다.

먼저 우리 주변에서 쉽게 찾아볼 수 있는 자연물로부터 시작해보자. 여기 우람하게 생긴 한 그루 나무가 있다고 치자. 나무의 뿌리, 줄기, 가지는 한 몸이다. 그런데 사람들은 하나인 나무를 보고 여러 갈래의 생각과 감정을 갖게 되기 마련이다. 줄기와 가지 및 잎은 누구에게나 감각 기관을 통해 보이므로 유有라고 할 수 있다. 그러나 뿌리는 우리 눈에 보이지 않는다. 뿌리는 한자로 '本본'이라고 한다. 글자의 형상을 보면 나무 '木'의 밑동 '一'을 표시한 것이다. 밑동은 분명히 존재하지만 감각 기관으로는 인식할 수 없다. 뿌리는 감각으로 접할 수 없기에 무無라고 할 수 있다.

이처럼 우리가 감각으로 경험할 수 없는 세계를 무無(없음)라고 하고, 감각으로 경험할 수 있는 세계를 유有(있음)라고 한다면, 나무는 유무의 조화調和를 이루며 공존하고 있다고 할 것이다.

본래 '없음'과 '있음'은 '없'과 '있'의 관계이다. '없'과 '있'은 떨어져 있는 것이 아니라 섞여 있는 것이다. 빈 듯하면서 차 있다. 그래서 묘妙하다.

'없'과 '있'은 음과 양

　나무의 유와 무의 관계는 음양陰陽으로도 설명할 수 있다. 높다란 언덕을 기준으로 양陽이 해가 비치는 밝은 곳이라면, 음陰은 그늘이 진 어두운 곳이다. 즉 밝음은 양이고 어둠은 음이다. 그런 의미에서 어둠인 음은 무로 볼 수 있고 밝음인 양은 유로 볼 수 있다. 즉 '없'은 음이고, '있'은 양이다. 여기서 '양음'이라고 하지 않고 '음양'이라고 하는 것은 어둠이 밝음보다 먼저이기 때문이다.

　앞서 이야기한 나무의 뿌리와 줄기의 관계를 통해 음양 관계가 설명된다. 음양은 서로 떨어져 있는 관계가 아니라 서로 붙어 있는 한 몸이라는 것을 알 수 있다.

　남녀 관계로 음양을 살펴보자. 남성과 여성은 따로 구분된 것처럼 보이지만, 나무의 뿌리와 줄기가 한몸이듯이 사람인 남녀도 사실은 한몸이다. 이는 결혼이라는 오랜 인류의 관습을 통해서 알 수 있다. 이것이 유무의 조화이고, 음양의 조화이다.

　물론 천부경을 통해서도 유와 무의 관계를 이해할 수 있다. 천부경은 '일시무시일一始無始一'로 시작하여 '일종무종일一終無終一'로 끝나는 81자의 짧은 한문 경전이다. 일시무시일은 '일시一始'와 '무시無始'가 하나라는 것인데, 일시는 '하나가 비롯되었다'는 뜻이고, 무시일은 '무에서 비롯된 하나'라는 뜻이다.

　이때 천부경의 일시무시일을 "하나에서 비롯되었으나 비롯된 하나가 없다"라고 해석하면 일一과 무無의 개념이 잘 살아나지 않는다. 반면 음과 양의 개념을 도입해보면 말끔하게 해결된다.

　천부경의 무는 '없다'가 아니라 '없음'의 세계이다. 나무의 뿌리가 바로 '없음'의 세계이고, 줄기나 가지는 '있음'의 세계다. 그러니까 '없음'의 땅 속에서 '있음'의 줄기가 뻗어 올라온 게 바로 일시一始이다. 이 일시의 줄기는 결국 뿌리의 무에서 나온 것이다. 그러므로 일과 무, 일시와 무시無始는 같은 것이다.

일과 무, 북극성의 자리

도대체 천부경에서 말하는 일一과 무無는 무엇인가? 일과 무는 모두 시始라는 동력動力을 갖는다. '시'는 우리말 '비롯' 또는 '보톰'이라는 의미가 있다. 보톰은 '동작이 시작되는 처음'이라는 뜻으로, '부터'라고도 표현할 수 있다. 그리고 '시'는 곧 '발發'이다. 즉 일一은 우주의 시발점으로, 일一이 멈추면 우주가 멈춘다.

일시무시일一始無始一을 구성하는 3개 한자의 사전적 의미를 살펴보자.

> 일一   시始   무無

다만 '일一'만 해도 단국대학교 '한한漢韓대사전'1999년에는 26개의 뜻풀이가 되어있고, 중국의 '한어漢語대자전'1986년에는 20개, '중문中文대사전'1979년에는 51개, 일본의 '대한화大漢和사전'1956년에는 25개의 뜻풀이가 실려 있다. 이 중에서 '한한漢韓대사전'에 수록된 뜻 중 중요한 것만 발췌해서 정리하면 다음과 같다.

> 일一 : 하나, 첫째, 한 번, 전체, 서로 같다, 변함없다, 순수하다, 하나로 되게 하다, 고르다, 함께 하다, 하나로 묶다, 여럿 중의 하나, 도道, 자기 한 몸, 모두, 혹은 등
> 시始 : 처음(비롯하다), 낳다(생식하다), 다스리다, 당초, 꾀하다, 근본, 맨 먼저, 초하루, 아침, 막 등
> 무無 : 없다, 무형(공허, 허무), 아니다, 죽음, 아주 작다, 아니하다, 막론하고 등

위의 한자어 뜻풀이를 통해 천부경의 첫 구절인 일시무시일一始無始一을 다

시 해석해 보자.

> ① 하나가 비롯한다. 무형이 비롯한다. 그 비롯하는 일과 무는 서로 같다.
> ② 하나가 낳는다. 공허가 낳는다. 그 낳는 것은 변함없다.
> ③ 여럿 중의 하나가 낳았다. 무형이 낳았다. 하나와 무형은 함께 한다.
> ④ 모두가 다스린다. 무형이 다스린다. 그것은 한 몸이다.

노자^{老子}는 무^{無}를 통해 도^{道}를 이해하였고, 또 도를 설명하였다. 이는 유가 무로 말미암아 생긴다는 관점이다. 무를 중시했다는 점에서 노자가 '고조선의 영향을 받은 사상가'라는 도올 김용옥의 주장도 타당성이 있다고 본다.

천부경의 '일시무시일^{一始無始一} 일종무종일^{一終無終一}'은 천도^{天道}의 이치로서 무시무종^{無始無終}을 의미한다. 시작도 없고, 끝도 없다는 뜻이다. 곧 천도는 무^{無}에서 시작하고, 무^{無}에서 마친다. 시작과 마침이 무^{無}에 돌아가므로 결국 시작과 마침이라는 그 자체가 없게 되는 것이다. 일^{一}도 무^{無}로 돌아간다. 무로 돌아갔기 때문에 다시 일^{一}이 될 수 있다.

그렇다면 이같은 천도는 어디에서 일어나는가? 천도는 북극에서 일어난다고 했다. 한자로 천도기어북극^{天道起於北極}이다. 나는 책을 수없이 읽었어도 이 말이 무슨 뜻인지 알지 못했다. 그러다 어느 날, 밤하늘의 별자리 이동 사진을 보고서야 이 뜻을 알게 되었다.

천도의 시초점은 북극이요, 북극성이요, 북극점이다. 북극성에서 천도가 처음으로 움직인다. 천도의 움직임은 가장 작은 점에 불과하다. 그러나 가장 작은 점에서 태풍의 눈이 발생한다. 천도의 움직임은 곧 모든 일의 시작과 같다.

천도의 눈인 북극성^{Polaris}은 움직이지 않는 별이다. 그래서 모든 별의 기준이 된다. 북극성은 모든 별의 중심이고, 중심점이다. 북극성은 움직이지 않으면서도 움직인다. 자세히 관찰하면 북극성도 북극점을 중심으로 미세하게 움직인다는 것을 알 수 있다. 북극성이 움직이지 않으면 모든 별이 멈추기 때문이다.

북극성은 지구 자전축의 북쪽 방향 연장선이 하늘 면에 닿는 지점인 천구의 북극점에서 겨우 0.7도 떨어져 있다. 눈으로 관측하면 북극성은 밤하늘에서 거의 움직이지 않는다. 그래서 다른 별들은 북극성을 중심으로 하루에 한 번 도는 운동, 즉 일주一周운동을 하는 것처럼 보인다.

이를 사진으로 관측하면 북극성도 천구의 북극점北極點을 중심으로 아주 작은 원을 그리는 일주운동 궤적이 나타난다. 그리고 지구의 세차歲次 운동 때문에 북극점의 위치는 별자리 상에서 변하게 된다. 지구의 자전축은 지구의 세차운동으로 약 25,770년을 주기로 회전한다.

현재 북극성 근처에 있는 북극점은 12000년 후에 직녀성 근처로 이동하게 된다. 그때에는 지금 우리가 직녀성이라고 부르는 별을 북극성으로 불러야 할 것이다. 거문고자리에서 가장 밝은 별이 직녀성Vega이다.

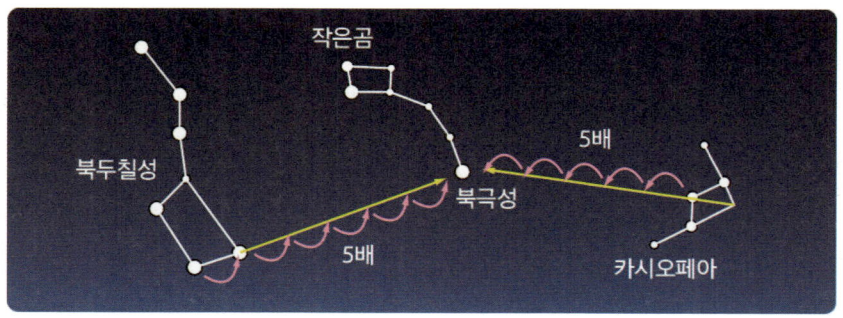

북두칠성과 북극성

북극성 중심의 밤하늘 사진작가 김정환

  이 사진에 나타난 북극성의 북극점 자리가 바로 무^無의 자리에 해당한다. 북극성이 돌아가는 정중앙의 텅빈 곳에는 아주 작은 원^圓의 빈 공간이 생긴다. 이 공간이 바로 북극점이고, 이 우주에서 가장 작은 원이다. 이것이 무^無이며, 공^空이며, 허^虛다. 모든 무^無의 무^無이다. 지무^{至無}이다. 바로 천부경의 무^無이다. 비어 있기 때문에 비롯^始이 가능하다. 무시^{無始}인 것이다.

  또한 이곳은 천도^{天道}의 자리이다. 천도는 무에서 시작하고 무에서 마친다고 했기 때문이다. 결론적으로 지금까지 인류가 가진 지식과 지혜를 총동원해 찾아낸 무의 자리가 바로 북극성의 북극점인 것이다. 가장 작은 원이면서 가장 큰 원이다.

| 2장 | 태양과 광명

천기天氣와 지기地氣

 사람은 음식을 통해 기운을 받은 몸으로 살아간다. 사람은 하늘과 땅을 손으로 다 만질 수 없으나 기운으로 함께 할 수 있다. 이것을 가리켜 하늘 기운, 땅 기운을 내 몸에 받았다고 표현한다. 하늘 기운인 천기天氣와 땅 기운인 지기地氣가 사람 몸에서 하나가 되는 것이다. 즉 천지天地가 하나 되고, 그리하여 천지인天地人이 하나 된다. 천지가 서로 합일合一하고, 천지인이 서로 합일한다. 이것을 철학적으로 '천지인합일天地人合一'이라고 한다. 물론 천부경에서도 '인중천지일人中天地一'이라고 하여 사람과 하늘과 땅의 관계가 설정돼 있다.
 여기서 남녀도 하늘 기운, 땅 기운으로 설명할 수 있을까? 양인 남자는 하늘 기운에 주로 의지하고, 음인 여자는 땅 기운에 주로 의지한다고 본다. 곧 남녀는 하늘과 땅의 역할을 한다. 여자가 머리를 땋아 아래로 길러 늘어뜨린 것은 땅 기운을 많이 받고자 하는 것이고, 남자가 위로 상투를 튼 것은 곧게 하늘 기운을 많이 받으려고 하는 것이다. 이처럼 남녀의 머리 모양이 다른 것은 천지 기운을 받는 방법의 차이에서 온 것이다. 이처럼 상투를 틀거나 머리를 땋아 내리는 행위는 우리 고유의 문화 의식이기도 했다. 이는 역사적으로도 입증이 된다. 조선왕조실록 '정조실록正祖實錄'을 살펴보자.

 승지 서형수徐瀅修가 아뢰기를, "단군은 우리 동방의 맨 먼저 나온 성인으로서 역사에서 편발 개수編髮蓋首의 제도를 제정하였다고 일컫고 있다 (檀君, 卽我東首出之聖, 史稱編髮蓋首之制)" 라고 하였다.

— 정조실록 22권, 정조 10년 8월 9일

편발개수를 한 홍산인
興隆溝遺址陶人像 오한기박물관

상투를 보호하는 옥고

  편발개수^{編髮蓋首}란 머리를 땋아 정수리를 덮는 방식을 말한다. 5000여 년 전 홍산문화^{紅山文化} 시대의 사람들은 편발 개수를 하였다. 중국 오한기박물관에는 편발개수를 한 남신소조상이 보존되어 있다.
  나아가 과거 남자들은 상투에 옥고^{玉箍}를 씌워 하늘 기운을 더 많이 받게 했다. 이 상투형 옥고는 홍산문화 우하량^{牛河梁} 유적의 어느 무덤에서 발굴되었다. 편발개수와 옥고형 상투로 머리 모양을 한 홍산문화는 우리 조상들과 직접적으로 연결된다. 홍산문화권의 우하량 유적은 고조선보다 1000년 전에 형성된 문화이다. 또 홍산문화는 오늘날 한국어의 형성과도 관련이 깊다.
  홍산문화 시대부터 상투를 틀었다는 것은 우리 조상이 결코 야만인이 아니었음을 증명한다. 상투는 이미 제사 문화와 예법이 정착되었다는 것을 의미하기 때문이다.
  따라서 동이족^{東夷族}의 이夷를 오랑캐 '이'라고 쓴 옥편들은 다 잘못된 것이다. '이'는 동방사람 이夷를 가리키는 글자인데, 언젠가부터 우리 조상을 오랑

캐라고 부르는 자기 비하식 표현들이 등장했다. 이는 식민사학자들의 이미지 조작에 말려든 것으로 본다.

'사자소학四字小學'에도 두용필직(頭머리두 容얼굴용 必반드시필 直곧을 직)이라는 말이 있다. 머리의 용모는 반드시 곧게 해야 한다는 뜻이다. 상투를 틀었기 때문에 곧게直한다는 뜻이 분명해진다.

그렇다면 사람이 상투를 하거나 댕기머리를 함으로써 하늘과 땅 기운을 받으려 한 까닭은 무엇일까? 천부경에는 '인중천지일人中天地一'이라는 구절이 있다. 먼저 해당 한자를 찾아보자.

○ 인 人 : 사람, 어른, 남(다른 사람), 자기 자신, 보통사람, 속세, 성교하는 일, 짝, 씨 알맹이, 백성(인민), 사랑하다 등
○ 중 中 : 안(속), 가운데 중앙, 반半, 절반, 중용, 중화의 기운, 한낮(정오), 상리, 똑바르다, 중매하다, 알맞다, 몸, 고르게 하다, 공격하다, 도달하다, 합격하다, 가득 차다 등
○ 천 天 : 사람 이마, 하늘, 천체, 자연(순리), 주재신(천신), 신(부처, 신선), 운명(천명), 임금(아버지), 자연의, 천성, 공간, 계절, 기후, 하루의 시간, 정신의 근원(실체) 등
○ 지 地 : 땅(대지), 지면, 토지, 영토, 곳, 살다, 마음의 영역, 지위, 형세(기반), 경지, 길, 바탕, 분간(구별)하다 등
○ 일 一 : 앞과 같음.(29쪽 참조)

여기서 가장 유의하여 해석해야 할 한자가 가운데 '중中' 자이다. '인중천지일'을 해석하면 사람 가운데서 천지가 하나 된다는 뜻이며, 또 사람 몸속에서 하늘, 땅이 하나가 된다는 뜻이다. 하늘과 땅이 사람을 통해 한몸이 된다

는 것은 곧 사람 가운데 천지가 있으니 사람이 '한一'이 된다는 뜻이기도 하다.

이때 '한'이 되는 사람은 보통의 사람과는 다르다. 보통 사람들은 천지와 떨어져 산다. 천지와 함께하는 사람, 천지와 함께 나란히 설 수 있는 사람은 보통 사람과는 다르다. 그래서 천지와 함께 하는 사람을 '큰 사람'이라고 부른다. 한자로 대인大人이라 하고, 또는 태일太一이라고 한다.

여기서 일一은 앞에서 살펴본 것처럼 '자기 한 몸'이라는 뜻이 들어 있다. 태일太一은 개인의 한 사람, 한 사람이 소중한 가치를 지닌다는 뜻이다. 즉 천부경에서 말하는 '인중천지일'은 하늘과 땅이 함께 하는 사람이야말로 이 세상에서 가장 소중한 사람이라는 뜻을 담고 있다.

해월海月 최시형崔時亨은 '사인여천事人如天'이라고 말한 바 있다. 이는 하늘과 함께 하는 사람은 소중하다는 의미에서, 사람을 하늘과 같이 섬기라는 뜻이다.

태양 숭배와 우주 광명 민족

(1) 만주와 한반도에 발견되는 태양 문양

태양을 숭배하는 행위는 고대부터 현대에 이르기까지 세계 각지의 다양한 종교문화에서 찾아볼 수 있다. 이는 태양을 초월적인 존재로 여겨 경배하거나 만물 창조의 근원으로서 숭배하는 데서 시작되었다.

세계의 전설과 신화를 살펴보면 오래전 인류는 태양이 뜨고 지는 현상에서 낮과 밤, 빛과 어둠의 대비를 발견하였던것으로 보인다. 일출과 일몰을 삶과 죽음의 표상으로 여기기도 했다. 모든 것을 바라보는 눈으로서 태양을 최고의 권능으로 섬겼다. 심지어 일식日蝕 현상을 종교적으로 해석하는 다양한 이야기들도 전해진다. 최고 권능의 신인 태양이 그림자가 져서 좀먹게 되는 현상은 결코 축복이 아닌 재앙을 암시하거나 위험 신호로 이해했던 것이다.

특히 태양이 지면 추워지는 기온으로 인해 태양 숭배가 두드러지게 나타났다. 예나 지금이나 태양은 생명을 주는 빛과 열기의 근원으로 인식되고 있다.

음산(陰山)암화의 태양숭배

또 태양 숭배는 제정일치祭政一致의 사회와 깊은 관련이 있다. 태양은 제정일치의 초기 사회에서 통치자의 권력을 신성화하거나, 집단의 정체성을 형성하고 구성원의 결속력을 강화하는 상징체계로 작용했기 때문이다.

우리 민족도 태양숭배 문화를 가지고 있었다. 북부여北扶餘의 시조는 해모수解慕漱로, 그의 이름에 있는 해解는 곧 '해'일 것이다. 한국의 고유한 문화에 대한 근대적 연구가 시작된 20세기 초에 신채호를 비롯한 일부 학자들은 우리 민족의 태양숭배 전통을 적극적으로 재조명했다.

'조선상고사朝鮮上古史'에 실린 단재 신채호의 말을 살펴보자.

"조선민족은 우주의 광명을 숭배 대상으로 삼았다."

"천국天國을 환국桓國이라고 하는 것은 광명光明에서 뜻을 취한 것이다. 대개 조선족이 최초에 서방 파미르 고원 혹은 몽고 등지에서 광명의 근원지를 찾아 동방으로 나와 불함산(백두산)을 밝은 달이 출입하는 곳, 곧 광명신이 깃

들어 사는 곳으로 알아, 그 부근의 토지를 조선이라 칭하였다."

이후에도 한국 정신문화의 고유한 특징을 규명하려는 일부 학자들은 한국 고대사의 유물에서 태양숭배의 자취를 찾아내거나, 민간신앙에서 태양과 연관된 부분을 적극적으로 해석하였다. 이는 한국의 고유한 정신문화의 특징을 태양숭배에서 찾으려는 시도였다.

가령 일부 암각화에 나타난 동심원 도형은 태양으로 해석됐다. 울산 천진리, 함안 도항리, 고령 양전리 암각화 등에서 발견되는 동심원 문양이 바로 태양숭배를 의미한다는 것이다.

한편 최광식[1]은 중국 요하遼河 일대의 암각화에서 울진 천진리의 것과 유사한 동심원 암각화에 주목하였다. 게다가 검파형, 방패형 암각화는 한국형 암각화의 특징인데, 이것들이 적봉赤峰의 요하 일대에서 나타난 것이다. 이는 중국 중원 문화에서는 전혀 나타나지 않는 특징이기도 하다.

이런 특징으로 보아 만주와 한반도가 동일 문화권에 있었다고 추정된다. 동심원 옆의 다른 무늬들은 태양과 관련 있는 신神의 얼굴과 연결하여 설명하기도 한다.

최광식 교수가 발견한 요하의 암각화—'코리안루트를 찾아서'

---

1) 최광식(崔光植 1953~) 고려대학교 한국사학과 교수, 문화재청장, 문화체육관광부 장관 역임. '삼국유사' 관련 저서가 다수 있다. '삼국유사'로 동북공정을 막을 수 있다고 했다.

태양 숭배 문화는 한반도의 선돌에서도 찾아볼 수 있다. 충북 옥천 석탄리의 '안터1호 선돌'충북기념물 제148호은 머리는 평평하며 하단에 특이하게 지름이 90cm인 원이 새겨져 있는 형태다.

보통 선돌에서 머리가 평평한 것은 음이고 뾰족한 것은 양으로 보고 있으므로, 이 선돌은 음인 여성을 상징한다고 할 것이다. 또 선달 하단에 새겨진 원은 태양을 상징한다. 따라서 이 선돌은 태양을 임신한 여성상으로 보는 견해가 있다.[1]

이 선돌은 현장에서 남성에 해당하는 고인돌을 마주보고 있다. 신용하[2]는 저서 '한국민족의 기원과 형성 연구'에서 이 임신한 여성을 족장의 어머니이거나 여족장으로 보았고, 선돌이 낳은 아기는 '아기태양'으로서 '천손'이며, '태양의 아들'로 이해했다.

마찬가지로 천부경이 새겨진 송학리 절터골의 선돌인 천부경석 역시 안터 1호 선돌처럼 하단이 볼록한 것이 임신한 여성상이라고 할 수 있다. 안터 선돌이 태양을 하단에 품고 있다면 절터골 천부경석은 중단에 태양과 광명의 또 다른 상징인 삼극도(삼환문)를 품고 있는 형상이라고 할 수 있다. 사실 태양숭배는 광명사상을 반영한 것이다. 광명사상은 단군조선 이래 계승되어 온 우리 민족 고유의 세계관이다. 구체적으로는 삼신三神 즉 조화신造化神, 교화신敎化神, 치화신治化神의 덕성인 광명을 이어받아 지상 선경의 세계를 이룩하고자 하는 세계관이다.

---

1) 이융조, '한국의 선사문화-그 분석 연구' 탐구당, 1981, 279쪽.
2) 신용하(愼鏞廈 1937~): 대한민국 학술원 회원. 사회학자로서 고대사와 독립운동 연구에 많은 저술을 집필하고 있다. 한강문화, 대동강문화, 홍산문화, 신석기문화를 통합한 '고조선문명론'을 주창하고 있다.

(2) 태양체와 해바라기

사람은 본능적으로 어둠을 싫어하고 광명을 희망한다. 다르게 표현하자면, 사람의 본심은 본래 태양을 숭배하는 마음과 함께 광명을 찾는 마음에서 싹텄다.

이에 대해 천부경에서는 '본심본태양앙명本心本太陽昻明'이라고 했다. 기본 한자를 찾아보자.

○ 본 本 : 초목의 뿌리, 바닥, 끄트머리, 겨레붙이, 사물의 기초, 나라(국가), 농업, 고향, 원금, 신체, 근원 원인, 사물의 본질, 비롯하다, 탐구하다, 근거하다, 책, 저본, 장악하다, 원형, 현재의 것, 본질, 판본, 처음부터, 그루(단위) 등
○ 심 心 : 심장, 가슴, 위(배), 마음, 생각, 본성, 마음에 두다, 궁리하다, 품행, 중앙(중심), 새싹(눈), 나무의 가시, 의식, 물物과 색色의 상대어, 핵심, 별이름 등
○ 태 太 : 크다, 매우 크다, 더 높다, 순조롭다, 평안하다, 너무, 아주, 매우, 지나치다 등
○ 양 陽 : 산의 남쪽, 강의 북쪽, 남쪽, 양지, 양달, 정면, 앞쪽, 겉, 양각, 드러나다, 꾸미다, 해, 태양, 맑은 날씨, 하늘, 양기陽氣, 굳세다, 크다, 밝다, 따뜻하다, 소생하다, 남자의 생식기, 정액, 소리가 맑다, 짝(쌍), 홀수 등

陽	𝌅	㫕	煬	陽
	甲文	金文	金文	小篆
	前5·42·5	柳鼎	虢季子白盤	說文·𨸏部

○ 앙 昻 : 높다, 들다, 값이 오르다, 해가 떠오르다, 밝다, 임금의 덕이 높은 모양 등
○ 명 明 : 해와 달의 밝은 빛, 태양, 동이 트다, 밝게 비추다, 환하다, 맑고 아름답다, 마음이 밝다, 분명히 알다, 뚜렷하다, 공개하다, 증명하다, 슬기롭다, 낮

(대낮), 인간 세상(이승), 투명하다, 존경하다, 현명한 사람, 고명하다, 눈, 시력, 분별하다, 성취하다, 강성하다, 정갈하다, 내일, 일컫다, 맹세하다, 울다, 힘쓰다, 싹이 트다, 서민(백성), 진언眞言 등 —'한한대사전' 인용

위의 한자 뜻풀이를 따라 '본심본태양앙명本心本太陽昻明'을 해석해 보자. 글자대로 보면, '심'과 '태양'이 앙명昻明하다는 뜻이다. '앙명'은 높이 밝다는 뜻으로, 풀어 설명하자면 밝고 밝기에 높이, 높게 밝은 것이다.

그렇다면 본심과 본태양은 어떠한 관계에 있는걸까? 문자학자인 조옥구는 본심과 본태양을 수리로써 설명한다. 1,2,3,4,5는 본태양에 속하고 6,7,8,9,10은 본심에 속한다고 보았다. 본태양과 본심이 수리로써 1대1 대응관계를 이루어 1·6 수水, 2·7 화火, 3·8 목木, 4·9 금金, 5·10 토土가 생성된다는 논리이다.

'본심'은 본래의 마음, 뿌리의 마음, 보이지 않는 마음이다. 또 '본태양'은 본래의 태양, 뿌리의 태양, 보이지 않는 태양이다. 간혹 이 둘의 관계를 '본심은 태양에 근본한다'고도 해석한다. 이렇게 태양은 우주의 광명 그 자체를 상징한 말로, 우주의 중심 광명을 본태양이라고 칭한 것이다. 우주의 중심 광명이 빛을 발하는 곳이 일명 '유리세계'이다.

'뿌리의 마음'인 본심과 '뿌리의 태양'인 본태양은 '앙명'한 상태에서 하나가 된다. 곧 '나의 뿌리는 마음에 있다', '천지의 뿌리는 태양에 있다.' 그래서 '마음과 태양은 하나'인 것이다.

이처럼 '텅 빈 마음'은 '보이지 않는 태양'과 연결되어 있다. 둘은 '뿌리'와 '보이지 않음'에서 하나가 된다. 즉 '본심본태양앙명'이란 본심과 본태양이 하

나로 꿰뚫어질 때, 밝고 밝다는 뜻이다.

인체에 비유해 '본심'과 '본태양'을 살펴볼 수도 있다. 인체는 두 가지 몸으로 구성되어 있다. 바로 육체肉體와 심체心體이다. 육체는 우리 눈에 보이는 몸이고, 심체는 눈에 보이지 않는 몸이다. 보이는 몸과 보이지 않는 몸은 하나의 끈으로 연결되어 '생명의 몸'을 유지한다.

여기서 마음의 본체인 심체가 다른 말로 본심에 해당한다. 마음의 본체이자 심체인 본심은 곧 하늘의 태양체와 연결되어 있다. 이 태양체는 눈에 보이는 태양이 아니라, 눈에 보이지 않는 태양이다. 다른 말로 빛의 본체 즉 광체光體로서 본태양인 것이다. 결국 우리 육체는 심체와 연결되어 있고, 심체는 또 태양체와 연결되어 있는 구조인 것이다.

심체는 근본적으로 착함도 악함도 없는 존재다. 한자로 무선무악無善無惡이라고 한다. 양명학陽明學의 창안자인 왕수인[1]은 지선至善이라고 했다. '지선'은 '지극히 착함'을 의미한다.

그런데 지극히 착함도 육체를 만나면 혼동과 혼란이 일어난다. 육체의 의지에 따라가다 보면 선善과 악惡으로 나누어진다. 육체는 자기 보호 본능 때문에 남을 이해하지 못한다. 남과 공존하지 못하는 자기 보호는 악에 빠지기 쉽다. 하지만 자기 보호를 하면서도 남과 공존하면 선을 할 수 있다. 이를 이해하기 위해 '구약성서舊約聖書'의 말을 살펴보자.

"하느님이 자기 형상 곧 하느님의 형상대로 사람을 창조하시되…"

— '창세기' 1:27

---

[1] 왕수인(王守仁 1472~1529): 호는 양명. 중국 명나라의 정치인·교육자·사상가로 양명학의 창시자. 그는 인간은 이미 정 안에 '양지良知'가 갖추어져 있으며 자연의 심정으로 행동하면 성을 실현할 수 있다는 심즉리心卽理를 주장했다. 저서로는 '전습록' 등이 있다.

이는 하느님의 창조설을 설명하기 위한 것이다. 천부경과 표현은 다르지만 같은 점이 있다. 천부경은 사람의 심체가 태양체의 형상대로 만들어진 것을 설명하고 있다. 곧 심체가 만들어진 원형이 태양체에 있다는 것이다. 태양체가 성경에 언급한 '하느님'에 해당한다.

그러나 태양체와 심체는 성경에서 언급하고 있는 창조創造와 피조被造의 관계가 아니라, 서로 닮은 꼴이다. 심체는 태양체를 닮고, 육체는 심체를 닮는다. 육체-심체-태양체는 3위1체三位一體와 같다. 육체와 심체 사이에 문제가 생기면, 심체와 태양체 사이에도 문제가 생긴다.

육체, 심체, 태양체의 공통점은 오직 빛을 좇아가는 앙명昻明하는 존재라는 것이다. 앙명을 다른 말로 표현하면 수승화강水昇火降이다. 내 몸에서 물이 올라가는 것 수승水昇이 앙昻이고, 불이 내려가는 것 화강火降이 명明이다. 이는 동양에서 추구하는 보편적인 수련법이기도 하다. 육체에서는 정精이 만들어지고, 심체에서는 단丹이 만들어진다. 이를 기수련에서는 다음과 같이 이야기한다.

"오직 끊임없이 치밀하게 생각하되 무념의 상태가 되면, 일심이 흔들리지 않고 모든 맥이 근원으로 돌아가서, 자연히 화火는 아래로 가라앉고 수水는 위로 올라(수승화강) 기氣가 안정되고 신神이 맑아진다. 대우주가 빛을 발함에 텅빈 마음에서 밝은 빛이 나와, 위로 천계를 통하고 아래로 땅에까지 꿰뚫어 텅 비고 텅 비어 광명이 끝이 없다."[1]

이처럼 육체와 심체가 결합하여 완성된 인간의 모습은 또 다른 '태양체'다. 우리 스스로가 태양체가 된다는 것은 '해바라기', 즉 '해 바라보기'가 되는 것이다.

---

[1] 수행 지침서인 '영보국정정지법靈寶局定靜之法'(상생출판, CHAPTER2, 7-8항)에 기재된 내용이다.

문제는 본심本心의 태도에 달려 있다. 본심은 눈, 입, 코에 의해 달라진다. 본심은 육신의 작용에 의해 지배를 받는다는 것이다.

육신이 주인이고 마음이 종일 때 문제가 발생한다. 바람 앞의 등불처럼 늘 위태로운 것이 마음이다.

우리의 마음은 밝음과 어둠이 같이 있다. 거울에 청탁淸濁이 있는 것과 같다. 어두운 마음은 태양을 보지 못하게 가로막고, 먼지가 쌓인 거울은 얼굴을 보지 못하게 한다.

어둡고 먼지 낀 마음이란 '뿌리마음'의 상대가 되는 '가지마음'을 말한다. 뿌리마음은 흔들림이 없는 부동본不動本의 마음이나, 가지마음은 늘 바람에 흔들거리며 불안한 마음이다.

본심이 흔들릴 때 어떻게 해야 할까? 스스로가 태양체가 되는 '해바라기'를 해야 한다. '해 바라보기'를 한다는 것은 밝음을 중심 삼고 내 마음의 먼지를 닦는 것과 같다.

| 3장 | 천지인과 삼신사상

삼족오三足烏와 신교神敎

한국신화에는 삼족오三足烏라는 전설 속의 새가 존재한다. 태양에 산다고 전하는 이 새는 발이 세 개다. 그래서 이름도 '태양 속의 세 발 달린 까마귀'이다. 삼족오는 동이족의 새토템 문화를 반영한 것으로 본다. '고금주古今注'라는 문헌에서는 다음과 같이 유래를 밝히고 있다.

"적오赤烏, 붉은까마귀라는 새는 위(북방)에서 내려온 것이다. 높은 곳에서 사는데 태양 속에 사는 세 발 달린 새의 정精이 아래로 내려와 삼족오를 낳았다"

고구려의 덕흥리 고분에는 한자로 "양광지조陽光之鳥 이화이행履火而行"이라고 적혀 있다. 이는 양광의 새가 불을 밟고 간다는 뜻이다. 양광의 새는 삼족오와 같은 태양새를 의미한다고 본다. 태양 속의 새이므로 양조陽鳥, 태양조太陽鳥라고도 한다.

보통 새는 발이 두 개다. 그런데 삼족오는 발이 세 개다. 발 하나가 더 있다. 왜 3개인가? 추측건대 발이 두 개인 새보다 더 높이 날아 태양까지 올라가야 하기 때문이다. 마치 인공위성이 일반 비행기와 다른 이유와 같다. 인공위성은 중력권을 탈출해야 궤도진입을 할 수 있고 그러기 위해서는 '추진체 로켓'이 더 있어야 한다. 때문에 삼족오에 더 있는 발 하나는 추진체 로켓과 같다. 하늘로 진입하는 데 필요한 것이다. 이 세상에서 저 세상으로 인간의 영혼을 실어 나르기 위해서다. 또한 삼족오의 발이 셋인 것은 인간의 영혼, 그리고 천지인의 사상과 관계가 있다.

삼족오(집안 오회분4호묘)

우리는 신神도 삼신三神이라고 부른다. 천지인을 천신, 지신, 인신이라고 하는데 이를 모두 칭하여 삼신이라고 하는 것이다. 그래서 일신一神이라는 말보다는 삼신三神이라는 이름이 우리에게는 더 익숙하다. 일신이라고 하면 무언가 부족하거나 불완전하다고 느낀다.

이 삼신을 받드는 것이 한국의 신교다. 유교, 불교, 도교, 기독교 등 기성종교의 뿌리와 같이 하는 종교 관념이다. 신교神敎는 신을 인간 교화의 중심으로 삼은 신앙체계이다. 이때의 신은 재무상일위在無上一位이다. 위 없는 첫째 자리에 계신 분이다. 한국에서 신神의 표현은 하느님, 하날님, 하늘님, 하나님, 천주天主, 상제上帝 등으로 다양하다.

중국의 정자程子는 형체로는 하늘이요, 주재자로서는 제帝요, 공용으로는 귀신鬼神이라 했고, 또 묘용으로는 신神이라 하고, 성정으로는 건乾이라 했다. 공자, 맹자에 이르러 하느님, 하늘의 인仁은 인간 내면으로 들어오며 신앙의 길을 가지 않고 도덕의 길로 나아가고 종교를 인문화人文化하였다. 한국에서도 유교를 받아들이면서 전통적 하느님 대신에 성리학적인 인仁의 가르침(仁

敎)이 들어섰다. 그래서 한국인은 중심이 흔들리기 시작했고, 그 후로 새 종교가 들어올 때마다 중심을 잡기까지는 많은 대가를 치러야 했다.

되풀이하자면 신교에서 말해 온 신神은 바로 삼신이다. 삼신三神은 삼三과 신神이 결합하여 고유한 명사가 된 것으로, 본래 일신一神에서 나온 말이다. 일신이 현실 세계에서 작용을 할 때는 세 가지 신성神性으로 활동한다. 신神이 그 자체로 신성한 존재인 것처럼 삼三=3도 신성한 존재였다. 이처럼 3에서 무궁한 힘이 나온다.

삼신일체三神一體

한민족은 '근원의 존재'로 '삼신三神'을 말한다. 삼신은 '삼신일체三神一體'이다. 주체主體로는 '일신一神'이나 작용으로는 '삼신三神'임을 뜻한다.

흥륭구유지의 도소 삼신상 (홍산문화)   마야의 삼두삼신상   무주 대불리 삼두삼신상

삼신을 나타내는 역사적 유물로는 홍산문화 흥륭구 유적지에서 출토된 도소 삼신상을 들 수 있다. 세 여신이 껴안고 있는 삼여신상三女神像이다. 삼태극 문양처럼 삼신의 순환성을 말해주고 있다.

'산해경山海經'(해외남경)에는 삼수국三首國 사람이 나온다. 한 몸에 머리가 셋이라고 했다. 즉 일신삼수一身三首이다. 이러한 형태는 아메리카대륙 마야의 삼두삼신상에서도 나타난다.

여장신呂章申의 '瑪雅; 美的語言마야; 아름다운 언어'에 의하면, 원 이름인 소추신도상小醜神陶像은 '못난이 신'이라는 뜻이다. 머리가 세 개인 것은 신령한 것을 상징하며, 또 통치자를 상징한다. 군사부의 조화, 교화, 치화의 신神의 수평성으로 설명할 수 있다.

전라북도 무주 대불리의 삼두삼신상은 다소 특이하다. 상천上天, 중천中天, 하천下天의 구조를 하고 있다. 수직으로 삼계三界를 구분해놓은 것이다. 이 삼신상의 다리 자세가 반가부좌(한쪽 발바닥만 위쪽으로 놓인 자세)이다. 5500년 전 홍산문화 우하량 여신상의 자세가 반가부좌인데서 알 수 있듯이, 이는 불교만의 특유한 자세가 아니다.

삼신에게는 여러 이름이 있다. 삼신의 서술형태는 천-지-인, 천일-지일-태일, 상계-중계-하계, 원-방-각, 조화-교화-치화 등으로 전개된다. 이에 따라 삼신 이름도 천신-지신-인신으로 부르거나 천일신-태일신-지일신, 상계신-중계신-하계신으로 부른다.

삼신은 몸은 한 분이나, 세 손길로 작용한다. 이를 좀더 관념화시켜서 조화신-교화신-치화신으로 부르기도 한다. 우주 만물을 새롭게 조직하여 생육하는 조화造化의 정신, 생육하는 만물에게 생명성을 부여하여 기르는 교화敎化의 정신, 만물을 질서와 윤리로 다스리는 치화治化의 정신이 그것이다.

풀어 말하자면 다음과 같다. 우주는 생산만으로 만족하지 못한다. 만물을 가르쳐야 한다. 또 가르치는 것만으로 만족하지 못한다. 만물을 다스려야 한다. 이로써 우주는 만물에 무한한 이로움을 준다.

> 생산 生産
> 교육 教育
> 치평 治平

결국 이 세 가지 신성神性 작용에 의해 만물은 번성한다. 이처럼 일신一神을 조造·교敎·치治의 삼신으로 파악한 우리 민족의 섬세하고 치밀한 신앙관에 경탄할 뿐이다.

또한 이러한 삼신은 성(성품, 조화신)-명(목숨, 교화신)-정(정기, 치화신)이며, 진-선-미이며, 권능權能-법력法力-덕량德量이다.

결론적으로 말하자면 주체主體는 일상제一上帝이며, 작용作用은 삼신이라는 1-3의 '삼신 우주관'이다.

역사적 인격체인 환인·환웅·단군과 '밝'

역사적 인격체로는 대표적으로 환인-환웅-단군이 꼽힌다. 이 세 분을 비유하여 환인은 만물을 생산生産하는 조화造化의 신성에 해당하고, 환웅은 만물을 가르치는 교화敎化의 신성에 해당하고, 단군은 만물을 다스리는 치화治化의 신성에 해당한다.

김경탁[1]은 '하느님관념발달사'를 통해 한국에서의 신神에 대한 관념의 발달과정을 환웅, 환웅, 단군에 비교하며 밝혀냈다.

이에 따르면 환인은 구석기 시대의 감(곰)신이다. 이들 감족들은 태양을 '해' 또는 '개'라 하였고, 곰과 추장을 '감'이라고 하였다. 암곰자웅,雌熊을 토템

---

1) 김경탁(金敬琢, 1906~1970): 호는 우암. 대한민국의 철학자로 중국철학과 동양철학을 강의했다. 생성(生成)철학의 관점에서 노장사상을 이해했으며, '창조적 상대성원리', '하느님관념발달사', '중국철학사상사'등을 저술했다.

으로 삼았고 숭배대상은 태양신이었다. 후대에 왕검王儉의 '검'이나 이사금尼師今의 '금'이 '감'으로부터 나온 말들이다.

환웅은 신석기 시대의 닭(돍)신이다. 닭족들은 돌칼, 돌도끼처럼 돌石을 중시하였다. '다, 더, 도, 두' 등은 닭족들의 단어들이다. 구체적으로 따地, 들平原, 달山, 달月, 아달子, 딸女, 닭鷄, 돈豕과 같다. 닭족들은 암탉을 토템으로 삼았다. 조鳥가 본래 '됴'였다. 후대에 전해져온 난생설화나 계림鷄林 등은 이와 관련된 말들이다. 후대에 와서 '닭, 감'은 이위二位 신이 되었다. 감신은 아버지 신이 되고, 닭신은 아들 신이 되었다.

그리고 단군은 도토기陶土器 시대의 밝(붉)신이라고 보았다. 단군은 이전 신들을 업어 '밝, 닭, 감'이 되었다. 위로부터 감신, 닭신, 밝신의 삼신三神이 삼위일체가 되었다. 빛과 밝음의 단어들로 밝다白, 바다海, 바람風, 배船, 불火, 아비父, 어미母 등이다. 태양신 밝을 신앙대상으로 하였다. 후에 삼한三韓의 민족들은 태양신을 하날님, 하눌님, 하늘님 등으로 불렀고, 나중에 인격적인 하느님이 되었다.

밝(붉)과 관련하여 신라의 고운 최치원[2]은 나라에 현묘玄妙한 도道가 있다고 했다. 그 다른 이름은 풍류風流다. 현묘한 도, 현묘지도玄妙之道는 고조선의 신교를 말하고, 풍류는 신라 사람들의 표현이다. 풍류風流:발암 풍, 달아날 류, 풍월風月:발암 풍, 달 월를 이두식으로 해석하면 '밝달'도이다.

이처럼 신을 설명할 때는 닭이나 새가 등장한다. 삼한 사람들은 새를 광명의 전령사로 보았다. 그래서 새의 깃털도 소중히 간직했다. 이들은 죽은 자의 영혼이 새를 타고 간다고 믿었다.

무용총의 수렵도에 나오는 고구려인들도 상투에 절풍을 썼고, 그 위에 새

---

[2] 최치원(崔致遠 857~? 신라): 호는 고운孤雲, 해운. 당나라에서 유학하고 통일신라에서 활동한 학자, 문장가, 관료이다. 나라에 현묘한 도가 있다고 기록한 '난랑비서鸞郎碑序' 등의 저술은 당시 사상계의 다양한 변화와 고유사상 이해도를 알 수 있는 중요한 문헌으로 평가받고 있다.

깃털을 꽂은 조우관鳥羽冠을 착용했다. 우즈베키스탄 사마라칸트 아프랍시아 궁전벽화에도 새 깃털 모양의 조우관을 쓴 사신도가 있다. 고구려 사람들에게 새 깃털은 자기 정체성의 상징물이었다.

당나라 초기의 화가인 염립본閻立本,?~673이 '양직공도梁職貢圖'(중국 남경박물관 소장)를 모방하여 629년에 그렸다는 '왕회도王會圖'(대만 국립고궁박물관 소장)에도 이런 모습이 나온다. 길이 393cm의 비단 두루마리에는 당나라에 온 각국 사신 22명의 모습이 그려져 있다. 고구려와 백제, 신라 사신들의 모습이 보이는데, 그중 고구려 사신은 아름다운 비단옷을 입고 머리에 깃털을 꽂은 관을 쓰고 있는 모습이다. 신라나 백제 사신이 관에 깃털을 꽂지 않은 것을 보면 조우관은 확실히 고구려 사람들의 특징인 것을 알 수 있다.

또 돈황석굴에도 고대 한국인의 모습이 그려져 있다. 중국의 고고학자 단문걸段文杰,1917~2011은 당나라 때 돈황석굴 220굴에서 조우관鳥羽冠, 즉 새 깃털을 꽂은 관을 쓴 한국인이 그려져 있다고 처음으로 언론에 소개하였다. 220굴은 남벽에 '서방정토변상도西方淨土變相圖', 북벽에 '약사정토변상도藥師淨土變相圖', 동벽에 '유마경변상도維摩經變相圖' 등 다양한 변상도가 그려져 있는 석굴로 유명하다.

KAIST 문화기술대학원에서 복원한 사마라칸트 궁전벽화(오른쪽 고구려 사신들)

천지인과 홍익인간

천지인은 삼신Triune-Spirit의 살아있는 표현, 즉 눈에 보이는 대상이다. 천지인은 삼신의 자기현현自己顯現이라 할 수 있다. 그러므로 하늘은 만물을 낳는 신성神性, 땅은 만물을 기르는 신성, 사람은 만물을 조화롭게 다스리는 신성을 갖게 된다.[1]

또 천지인에서 천天은 양의 세계인 하늘을, 지地는 육체와 죽음의 세계인 땅을, 인人은 하늘과 땅을 매개하고 이어주는 영적 능력을 지닌 사람을 대표한다.

천지인은 그 가진 재질로는 삼재三才라고 한다. 그 역할이 소우주와 같을 때 다른 말로 '지극至極한 존재'라고 한다. 극極이란 말은 모든 힘, 힘의 마지막 한계, 지극한 중꾝中을 의미한다. 이를 달리 말하면, 천지인이 각기 가지고 있는 신성神性은 곧 창조성創造性 또는 조화력造化力의 극치를 가리킨다. 창조성이 있기에 극이다. 창조성이 없으면 극이 아니다. 그래서 천지인을 다시 천극天極, 지극地極, 인극人極이라고 하는 것이다. 삼극이란 하늘의 창조성, 땅의 창조성, 사람의 창조성이 각기 내재한다는 말이다.

우주는 결국 대우주大宇宙인 자신과 소우주小宇宙인 천지인이 공존하는 것이다. 그래서 우리가 바라보는 저 하늘, 우리가 발을 딛고 살아가는 이 땅이 있다. 그리고 그 사이에서 호흡하고 있는 우리 사람도 대우주의 구성에 참여한다. 하늘은 네 계절이 운행하면서 빛과 공기와 비와 눈으로 땅을 감싸고, 땅은 동서남북에서 골고루 그 하늘 기운 받아 만물을 자라게 한다. 사람은 하늘과 땅의 기운을 받아 만물을 보살피는 존재로서 훌륭한 역할을 수행한다. 이처럼 사람도 하늘 땅과 같이 그 맡은 역할로 보면 대우주를 구성하는 소우주이다. 그런데 이 소우주로서의 인간은 대우주의 뜻을 구현해야 하는

---

1) 안경전 '영보국정정지법靈寶局定靜之法' 상생출판, CHAPTER1

현존적現存的인 책임이 따른다. 생명의 공존共存과 성숙成熟이 대우주의 뜻이다. 이 뜻은 개인에게 주어지기도 하고, 민족에게 주어지기도 한다.

사람은 만물 가운데 자재율自在律을 가지고 있다. '부도지符都誌'에서는 자재율을 처음으로 깨달은 사람들이 한민족이라고 말한다. 자재율을 지키기 위해서는 자재自在하는 의식이 있어야 가능한데, 자재의식은 민족적으로 천손天孫이라는 자각에서 나왔을 것이다.

자재自在의식이란 무엇을 하고, 무엇을 하지 말아야 할 것을 아는 것이다. 할 것과 하지 말 것을 스스로 의식해서 행동하는 것이다. 누가 시키지 않아도 스스로 맡은 일을 실천하고 누가 금지시키지 않아도 스스로 금하여 하지 않는다. 공동체를 지키는 방법의 하나이다.

한민족은 이 자재율로 수천년 동안 공동체를 지켜왔다. 또 이 자재율에는 자유가 주어지는 만큼 책임이 따른다. 결과는 행동으로 나타난다. 나타난 행동에 따라 공동체 앞에 책임을 진다. 자재율은 천손이라는 자각이 있었기 때문에 가능했다. 그리고 자재율의 최고의 형벌은 공동체를 떠나는 것이다.

한편 자재율을 지닌 사람이 만물을 보살피는 3가지 능력을 '삼일신고三一神誥'에서는 덕德, 혜慧, 력力이라고 한다. 이를 과학에서는 중력, 전자기력, 핵력이라고 한다. 덕은 생명을 살리는 마음, 혜는 생명을 살리는 지혜, 력은 생명을 살리는 힘이다. 이 세 가지 중에 하나라도 부족하면 사람이 소우주가 될 수 없다. 덕혜력을 고루 갖춘 인간사회, 또는 그런 세상을 우리는 홍익인간弘益人間이라고 한다.

천부경과 삼태극

　천부경에도 앞에서 살펴본 삼극三極이 등장한다. '석삼극析三極 무진본無盡本'이라는 글귀다. '석삼극'은 삼극으로 나뉜다, 쪼개진다는 뜻이다. '석析'에는 섞여 있다, 섞여 있는 것을 구분한다, 분리한다, 나눈다 등의 뜻이 있다. 이 '석析'을 '신新'으로 보기도 한다.

　여기서는 삼극의 요소로 천지인天地人을 말한다. 천-지-인을 삼재三才라고 말할 때는 우주를 구성하는 재질材質이라는 뜻이다. 그 재질로서의 삼재가 우주 안에서 독립적이고 전체적인 역할을 수행할 때 삼극三極이라고 한다. 이처럼 삼재와 삼극은 개념에서 약간의 차이가 난다.

　삼극은 삼태극이라고 한다. 천태극, 지태극, 인태극의 삼태극을 상징하는 문양들은 한국 곳곳에 널려 있다. 88올림픽(24회 서울) 마스코트, 삼태극 부채, 삼태극 목걸이, 삼태극 대문, 삼태극 자개 등등이다. 전철 환승역 표시가 삼태극이다. 나무도 세 줄기로 뻗어 올라가야 바람에도 잘 견디며 안정적이다.

88올림픽 휘장 포스터

삼태극 문양은 고고학적 유물에서도 심심치 않게 발견된다. 우리나라 삼국시대에 제작된 세고리자루큰칼三累環頭大刀에는 삼환문三環文, 혹은 삼루문三累文이라고 부르는 문양이 새겨져 있다. 삼환문은 외환外環의 형태가 C자형의 고리 셋이 윗쪽과 그 아래 좌우에 붙어 삼각형으로 연결되어 있는 것을 가리킨다. 이는 경주황남대총慶州皇南大塚의 남분南墳에서 출토된 모자삼환두대도母子三環頭大刀를 지표로 삼고 있다.

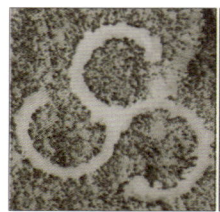   

천부경석 도부 탁본   켈트족 까마귀와 삼원   환두대도의 삼환문   신라 미추왕의 보검

환두대도 삼환문의 형태 특징을 두고서 원융삼점圓融三点이라고 표현하는데, 3개의 원이 모여 하나의 보주문寶珠文을 이루는 연화화생蓮華化生과 관련이 있다고 보기 때문이다. 이러한 3개의 원은 천天·지地·인人의 삼재를 뜻하는 것으로 여겨진다.

그런데 앞에서 살펴본 천부경석 도부의 삼태극은 삼환문과 약간 다른 특징을 보인다. 환두대도의 삼환문은 3개의 원이 각각 삼각형처럼 연결되어 있어 회전성이 없는 것과 달리 천부경석의 삼태극은 3개의 원형이 중심에서 만나 돌고 있다는 점이다. 이러한 모습은 신라 제13대 미추왕(재위 262-284)의 보검에서도 확인할 수 있는데, 보검 속의 문양은 원 안에서 삼태극이 돌고 있다.

다만 천부경석의 삼태극은 완전한 360도 원형이 아니라 끝이 떨어져 있다. 여백이 있는 C자형 '열린 원'은 오히려 강력한 힘을 발산하는 느낌을 갖게 한다. 갇혀 있는 원 안의 삼태극이 아니라 원이 없는 삼태극이라서 개방적인 느낌을 주는 것이다. 즉 천부경석의 삼환문은 세 고리가 중심에서 한 방향으로 세차게 무한 회전하는 강한 역동성을 느끼게 한다. 이렇게 천부경석이 중심성中心性, 회전성回轉性, 역동성力動性을 원융圓融하게 갖추고 있다는 점에서 삼환문의 이상형이라 할 수 있을 것이다. 결국 삼태극은 생명의 움직임, 동작, 역동성을 강조하는 표현일 것이다.

그렇다면 삼극은 어디서 나왔는가? 일시무시일一始無始一의 일一에서 나왔는가? 아니면 무無에서 나왔는가? 앞에서 일一은 줄기와 같다면, 무無는 뿌리에 비유하였다. 삼극은 일에서 나온 것이 아니라, 무에서 나왔다. 왜 그럴까? 로렌스 크라우스는 '무로부터의 우주'에서는 '빈 공간 에너지에서 인플레이션(부풀어 오르다)을 거치면서 무언가의 에너지로 변환된다'고 했다. 여기서 우리는 '빈 공간'의 에너지는 무에 해당하고, 무언가의 에너지는 유有에 해당한다고 이해할 수 있다. 다시 말해 '빈 공간'의 에너지가 완전한 의미의 무는 아니지만, '빈 공간'은 에너지를 저장할 수 있다는 것이다. 따라서 에너지를 저장할 수 있는 '빈 공간'인 '무'에서 무언가의 삼극이 나온다고 할 수 있다.

천부경의 무Nothing는 '빈 공간의 에너지the energy of an empty space'에 비유할 수 있다. 그런데 '빈 공간'은 너무도 복잡한 세상이다. 이곳에서는 우리가 알 수 없는 시간에 수많은 가상입자들이 탄생과 소멸을 반복하고 있다. 만왕만래萬往萬來하는 것이다.

무진본無盡本이라고도 했다. 이를 한자식 어순으로 해석하면, 본本진盡무無이다. 뿌리本는 다함盡이 없다無. 그러나 이를 우리말 어순으로 다시 배열하면, 무無가 다하여盡 우주의 뿌리本가 된다. 뿌리를 낳는다. 만든다는 뜻이다. 무와 본은 같은 것이다. 이 무와 본 사이에 삼극이 있다. 우주의 뿌리가 된 것은 곧 천극, 지극, 인극이다. 천극, 지극, 인극은 또한 무가 맺은 결실이다.

천부경에서는 '석삼극析三極 무진본無盡本'에 바로 이어 '천일일天一一 지일이地一二 인일삼人一三'과 '천이삼天二三 지이삼地二三 인이삼人二三'이라는 글귀가 뒤따른다. '천일일天一一 지일이地一二 인일삼人一三'은 천일, 지일, 인일을 1, 2, 3의 순서로 나열한 것으로, 이는 천지인이 우주적 존재로서 각각의 재질, 즉 독립된 본성本性을 얻었다는 뜻이다. 우주라는 큰 울안에서 보면, 하늘도 작은 우주요, 땅도 작은 우주요, 사람도 작은 우주인 것이다.

다음으로 '천이삼天二三 지이삼地二三 인이삼人二三'에서 '천이, 지이, 인이'는 천지인이 우주적 존재로서 상대적 본성本性을 얻었다는 뜻이다. 하늘과 땅, 하늘과 사람, 땅과 사람이 상대적 결합이 가능해졌다는 뜻이다.

이렇게 상대적 결합이 가능해진 것은 그 사이에 삼三이 작용하고 있기 때문이다. 삼三이 앞에서 말한 창조성創造性 또는 조화력造化力의 실체이다. 그래서 삼극이라고 말한 것이다. 삼三으로 인하여 천지인이 동일성과 통일성을 얻게 되었다.

벼를 키우는 것은 하늘과 땅이다. 쌀밥을 짓는 것은 사람이다. 벼의 무게와 쌀밥의 무게가 같다. 각각의 창조성은 같은 것이다.

3부
천부경의 다양한 해석

| 1장 | 전병훈의 단군 천부경 해석

단군 천부경 서언

전병훈이 1920년에 발간한 '정신철학통편精神哲學通編'의 '동한신성단군천부경東韓神聖檀君天符經' 서문에는 천부경을 주해註解하는 서언緒言이 다음과 같이 실려 있다.

동방의 현인 선진仙眞 최치원崔致遠 857-?은 다음과 같이 말했다.
"단군檀君의 천부경天符經 81자字는 '신지神志'의 전문篆文으로 옛 비석에서 보고 그 글자를 해독하고 백산白山에 공경스럽게 새겼다.(曰檀君 天符經八十一字 神志篆. 見於古碑 解其字 敬刻白山.)"

이어 가히 명문이라 할 수 있는 그의 서문을 옮겨 본다.
내가 삼가 살펴보건대, 최공崔公은 당唐나라에 진사進士가 되었다가 신라에 돌아와서 신선을 이룬 분이다. 이 경문經文이 지난 정사년(丁巳年, 1917)에 이르러서야 비로소 한국의 서쪽 영변군 백산(白山, 묘향산)에서 나왔다.
어느 도인道人 계연수桂延壽라는 이가 백산白山에서 약초를 캐러 산속까지 깊이 들어갔다가 석벽에서 이 글자를 얻어 보고서 대조하여 베껴 쓴 것이라고 한다. 내가 이미 '정신철학精神哲學'을 편성編成하고 바야흐로 인쇄에 부치려고 도모할 즈음에 문득 이 경經을 얻게 되었다.(노유老儒 윤효정尹孝定이 와서 건네주다) 진실로 하늘이 주신 신기神奇하고도 특이特異한 일이었다.
세상에서는 '음부경陰符經'으로 황제黃帝가 지은 것이라고 하지만(송나라 주희朱熹의 비평이 있다) 나는 감히 깊이 믿지 못하겠다. 오직 이 천부경만은 곧 천도와 인도를 포괄^{包括}하고 겸성^{兼聖}의 도를 다하였으니, 이것이 우리 단군성조의 존신^{存神1)}의 덕화가 담긴 진수를 전한 것임이 확실하다.

그러나 글의 뜻이 깊고 지극히 뛰어나서 매우 정미^{精微}하니 참으로 꿰뚫어 이해^{理解}하기가 어려웠다. 여러 날을 생각에 잠겼다가 하룻날 아침에 활연^{豁然}히 알게 되었다. 아! 지극히 신령하면서도 지극히 거룩함^{至神兼聖}함이 어찌도 이와 같은가?

아하! (1919년으로부터) 사천이백오십이(4252)년 전 10월 3일에 신인^{神人}이 계시어 태백산 박달나무 아래로 강림^{降臨}하시니 나라 사람들이 임금으로 추대하여 모셨다. 가히 '백성이 주인되는^{民主}' 나라의 기틀을 열었다고 하겠다. 이 분이 바로 단군^{檀君}이시다. 곧 동방 대한^{大韓}을 창립하신 임금이며 스승이시다.

그 장생^{長生}의 지극한 덕으로 나라를 다스리는 신성^{神性}한 감화와 겸한 성스러운 덕^德이 유구하여 무한하다. 이는 중국 황제^{黃帝}의 겸성^{兼聖}한 역사로 더불어 같다.

천부의 경문^{經文}은 하도^{河圖}와 낙서^{洛書}에 부합하니 노자^{老子}의 신역^{身易}의 법^法, ^{內丹法}을 아우르는지라 더욱 요약되고 더욱 정미^{精微}하다. 사람이 작은 천지^{小天地}의 이치가 되는 것을 아주 명백하게 밝혀주었다.

겸하여 감^坎·리^離의 수화^{水火}를 운용해서 선^仙을 이루고 성^聖을 증득^{證得}하며, 세상을 경륜하고 만물을 주재하는 지극한 가르침이 다하도록 모두 함축되어 있다.

무릇 성경^{聖經}은 천도로써 인사를 밝히지 않음이 없고 몸을 닦고 세상을 구제하여 온 만물을 화육^{化育}하는 공^功에 참여하여 돕는 것을 지극함으로 삼지만, 어찌 이 천부경처럼 단지 81자 만으로 능히 선^仙과 성^聖을 겸하여 이루며

---

1) '맹자'의 진심(상)에 과화존신(過化存神)이 나온다. 이는 "(성인이) 지나는 곳에는 그 곳의 백성이 그 덕에 감화되고, (성인이) 있는 곳에는 그 덕화가 측량할 수 없이 행해진다"는 뜻이다.

천지의 장구함과 더불어 서로 마침과 시작함을 같이 할 수가 (또) 있겠는가?

제가 참람하게도 감히 주해하여 정신학^{精神學}의 첫 번째 편을 지었으니, 아! 장차 도태^{道胎}를 완성한 신선^{胎仙}들이 온 세상의 중생을 제도^{濟度}하고, 세상이 극락에 오르게 하는 치법^{治法}이 반드시 여기에 있을 것이다.

그렇다면 이 천부의 책이 세계가 일신^{一身}이요 오주^{五洲}가 일가^{一家}가 되는 천서^{天書}가 아니겠는가? 태초에는 나라마다 경계가 없었다고 말할 수 있으니 하늘은 장차 이 글로써 만세^{萬世}를 고르게 교화할 것이 틀림없을 것이다.

우주 내에서 안팎으로 고금의 서적을 구한다고 할지라도 어찌 이와 같은 서적이 있겠는가? 그러나 이 경^{經}이 마침맞게 내게 자연히 이르렀고^{沕合}, 대저 내가 공경히 받아 책으로 발휘하여 우주 안의 동포들에게 바치게 되었으니, 진실로 내가 도^{道}를 이루어 세상을 구제하려는 평생의 어리석은 소원이 뇌리에 깊이 박혀서 결성^{結成}된 것이 아니겠는가?(상제, 단군, 황제, 노자, 공자, 석가, 왕인^{王仁}과 칸트 등 8대 성인을 거소에 모셔놓고 높이 받들고 분향 봉축하고 있다.) 위로 단군 성조^{聖祖}와 하늘에 계신 신령^{神靈}이 감응하시어 특별히 도와주신 복일 것이다.

서양 철학자 중에 20세기에 문명이 최대로 발달할 것이라고 점^{占}쳐 말한 것도 그 또한 여기에서 징험할 수 있을 것이니, 나는 도학^{道學}으로써 이미 정신철학을 지었기에 세상에 공공으로 쓰이도록 하려 한다.

삼가 배우는 사람들에게 말하노니 또한 천부경의 겸성^{兼聖}과 극철^{極哲}의 학리를 터득하게 되면, 기자^{箕子} 성인이 전한 홍범^{洪範}의 경^{經}을 기다리지 않을지라도, 거의 이 대한^{大韓}이 천지^{天地} 가운데 가장 오랜 신성^{神聖}한 문명의 나라라는 것을 알게 될 것이다. 아! 거룩하도다.

기미년(1919) 동짓달 주석자(전병훈)삼가 쓰다.

天符經原文
八十一字
一始無始一
析三極無盡本
天一一地一二人一三一積
十鉅無匱化三天二三地二
三人二三大三合六生七八
九運三四成環五七一妙衍
万逞万來用變不動本本心
本太陽昂明人中天地一一
終無終一

원문 81자 및 주석에 의한 재해석

一始無始
一析三
極無盡

일一,태극은 무시無始,무극에서 시작하고, 일一은 셋(천지인)으로 나누어져서 끝이 있지만, 태극의 생성의 원리生理와 창조적 원신元神은 끝을 다함이 없다.

本天一一
地一二

人一三

태극太極의 일一이 근본이니 하늘은 일一을 근본으로 하여 처음(一,水)을 낳고, 땅도 태극太極의 일一을 근본으로 하여 곧 둘(二,火)을 낳고, 사람도 태극太極의 일一을 근본으로 하여 수화의 기화氣化로 세 번째로 태어나 삼재三才가 된다.

一積十鉅
無匱化三

천지인의 일一이 쌓여 십十으로 커지니, 끝없이 셋으로써 만물을 화생한다.

天二三
地二三
人二三
大三合六

하늘은 이陰와 삼陽이 교합하고, 땅도 이陰와 삼陽이 교합하고, 사람도 이陰와 삼陽의 삼재가 교합하여 구陽 육陰이 되니 구陽은 큰 삼이라 하고 육陰은 육이다.

生七八九

육六의 감육坎六이 수水이니 칠七의 화火와 팔八의 목木과 구九의 금金을 낳고,

運三四成環
五七一妙衍 万往万來

삼三,木,日과 사四,金,月를 운용運用하면 환環,丹을 이루고, 오五,土에서 칠七,火과 일一,水이 수승화강으로 신묘神妙하게 응결凝結하여 만번 오가는 사이에 성선聖仙,神化이 되고 양신陽神이 된다.

用變不動本
本心本太陽昂明

변화를 쓰되 흩어지지 않아야 도의 근본이 그대로 있는 것이니, 욕심을 없앤 본심本心을 지녀야 공명정대한 태양에 근본하여 우주의 밝음을 우러를 수 있다.

人中天地一一終
無終一

사람이 자아를 완성하면 천지의 중심에 서니 사람과 천지가 하나로 시작하고 하나로 마치지만, 마치면 또 새로운 시작이 절로 일어나니 끝이 없는 일一이다.

전병훈은 한문으로 주해했지만 우리말 번역을 남기지 않았기에 편저자가 나름대로 우리말로 옮긴 것이다. 그는 주해를 마치며 "지극하도다. 지극한 신성神聖의 덕을 겸한 우리의 천부경이여!"라고 찬탄했다.

| 2장 | 대일항쟁기의 천부경 해석

권덕규의 단군천부경해 (1921년)

국어학자이며 역사학자인 대종교인 권덕규[1]는 1921년에 '한별'이라는 필명으로 '단군천부경해'를 '계명'에 소개했다. '계명'은 계명구락부 기관지인데, 앞에서 소개한 '단탁'이라는 잡지보다 약간 일찍 나온 것이다. 이 때문에 권덕규는 다른 계통을 통해 천부경을 구득했을 가능성도 제기된다.

권덕규는 본문에 토씨를 붙였고, 그 하단에 주해를 붙였다.

---

1) 권덕규(權悳奎 1890~1950): 호는 애류. 대일항쟁기에 '조선어큰사전' 편찬에 참여했으며 '한글맞춤법통일안'의 원안을 작성한 국어학자이다. 우리 역사에도 해박해 '조선유기'를 저술했다.

'경문'

일一이 무시無始한 일一에 시始하야 삼극三極으로 석析하야 진盡함이 무無하니 천일天一의 일一과 지일地一의 이二와 인삼人三의 삼三에 본本이 되도다.
일一로 적積하야 십十으로 거鉅하니 화化를 무궤無匱케함은 삼三이라 천이天二인 삼三이요 지이地二인 삼三이요 인이人二인 삼三이라.
대삼大三이 합合하야 육六이되야 칠七과 팔八과 구九와를 생生하며 삼三과 사四를 운運하야 환環을 성成하고 오五와 칠七과 일一로 묘妙하게 연衍하야 만万으로 왕往하고 만万으로 래來호되 용用의 변變이 본本을 동動치 못하도다.
심心의 본本에 본本하면 태양太陽이 명明을 앙昻하나니라.
인人이 천天과 지地와의 일一에 중中하니 일一이 무종無終한 일一에 종終하도다.

대종교의 '천서'(1922년)

1922년 만주 길림성 영고탑 탑일시 대종교 교당에서 나온 '천서天書'라는 교서에도 천부경이 소개돼 있다. 이 천서에 실린 천부경은 전병훈의 천부경 81자를 그대로 인용한 것이다. 전병훈의 천부경과 함께 박행부朴行夫의 주해, 김재혁金在赫의 현토가 실려 있는 게 특징이다. 박행부의 현토를 보면 "一은 始無始一이니 析三極無라야 盡本이니라"로 시작한다. 또 끝을 "本은 心이라 本太陽하야 昻明人中天地一이니 一終無終一이라"라고 했다. 일一은 유계有界의 일一이고, 결국 무계無界의 일一로 돌아간다고 했다. 세상을 유계와 무계로 설명한 것이 특이하다.

이용태의 천부경 현토 (1930년)

1920년대에 이어 1930년대에도 천부경 풀이가 잇따라 나왔다. 1930년 대종교인 단암 이용태[1](1890~1966)의 천부경 현토를 보자.

一로 始하나 無始함은 一이니라.
析하면 三이니 極이나 無盡함은 本이니라.
天이 一로 하여 一하니 地는 一로 하여 二하고 人은 一로 하여 三하니라.
一이 積하면 十이니 鉅이나 無匱이 化함은 三이니라 天이 二로 하여 三하니 地도 二로 하여 三하고 人도 二로 하여 三하니라.
大하면 三이니 合하면 六이오, 生하면 七일새 八과 九로 運하고 三이 四로 成하니 環함이 五와 七이니라.
一을 妙히 衍하면 萬으로 迬하고 萬으로 來함에 用의 變이나 不動함은 本이라.
本을 心에 本하면 太陽이 昻明하고
人이 中하야 天과 地로 一하나니
一로 終하나 無終함은 一이니라.

다음은 "一로 始하나 無始함은 一이니라"에 대한 단암의 해석이다.
"일一로 비롯하나 비롯이 없는無始 일一이라 함은 천지가 열리기 전에 한얼一神,天神이 계시사 만물을 창조하심이라. 일一은 없음無을 바탕으로 하여 있음이 생김이니 한울이 처음 나타난 형상이요. 셈수數이 처음 생긴 몸이요, 성품을 처음 받은 이치인 바 아무 물건도 없던 맨 처음에 한얼이 먼저 나타나신 것을 말함이니 삼일신고의 신재무상일위神在無上一位를 밝게 증명함이라."
단암은 천부경을 '삼일신고'와 연계하여 설명하면서 만물을 창조한 한얼을 강조하고 있다. 본래 천부경에는 신神에 관한 설명은 없지만, 일시무시일一

---
[1] 이용태(李容兌 1890~1966): 호는 단암(檀菴). 일제 강점기 제천과 만주에서 활동한 대종교인이자 독립운동가다. 대종교의 참교(參敎)와 지교(知敎) 등 간부직을 역임하다가, 1942년 12월 윤세복 등과 함께 치안유지법 위반 혐의로 일제에 붙잡혀 8년형을 선고받고 목단강(牧丹江) 액하감옥(液河監獄)에서 옥고를 치르던 중 광복을 맞았다. 해방 후에는 대종교 일에 전념하며 상교(尙敎)·경의원장(經議院長)을 역임하였다.

始無始一을 한얼(천신)의 관점에서 설명하고 있다.

김영의의 '천부경주해'(1937년)

1937년 '단군교부흥경략'에 실린 김영의[1887~1951]의 천부경 주해는 당시 유학儒學의 영향권에서 바라본 해석으로 참고할 수 있다. 우리말은 번역이다.

一始無始一 일시무시일

도道란 하나일 따름이라. 그러므로 하나로 비롯하되 하나에서 비롯됨이 없느니라. 도라고 이름하는 그 주체는 하나만 같음이 없고, 도에 사무치는 그 묘함도 하나만 같음이 없으니 하나의 뜻이 크도다.

析三極 석삼극

쪼갠다고 함은 나눔이요, 한끝이란 하늘과 땅과 사람의 지극한 이치라. '계사繫辭'에 이르기를 "육효六爻의 움직임은 삼극三極의 도라. 도는 하나를 낳고 하나는 둘을 낳고 둘은 셋을 낳아 셋에 이르되 그 변화가 다함이 없으므로 셋이 만물을 낳는다"라고 하였다.

無盡本 무진본

하나란 천하의 큰 근본이며, 이것이 나뉘어 삼극이 되고 또 삼극이 이미 서매 만 가지 이치가 다 이로 말미암아 나나니 큰 근본은 다함이 없다.

天一一 地一二 人一三 천일일 지일이 인일삼

이것이 곧 삼극三極이라. 하늘은 하나를 얻어 하나가 되고, 땅은 하나를 얻어 둘이 되고, 사람은 하나를 얻어 셋이 되니, 하나를 한 번 함의 나뉨이라.

그러므로 도道는 하나이되 하늘에 있으면 천도가 되고, 땅에 있으면 지도가 되고, 사람에게 있으면 인도가 되나니, 나누면 삼극이 되고 합치면 한 근본이 된다.

一積十鉅 일적십거

하나란 수數의 비롯이요, 열은 수의 마침이라. 하나로부터 비롯하여 쌓아 열이 되면 크니라. 하도河圖의 열 수는 천지조화의 근본이니 그 이치 또한 깊이 합한다.

無匱化三 무궤화삼

하나에서 열까지 쌓아 이로부터 나아감은 천만 가지의 변화가 그 다함이 없되, 이는 다 삼극의 변화에 말미암음이다.

天二三 地二三 人二三 천이삼 지이삼 인이삼

하나를 나누면 둘이 됨은 자연의 이치라. '계사繫辭'에 이르기를 "하늘을 세움의 도는 음陰과 양陽이요, 땅을 세움의 도는 부드러움柔과 억셈剛이요, 사람을 세움의 도는 어짊仁과 옳음義이라. 삼재를 겸하여 두 번 하나니 그러므로 역은 여섯 그음六劃으로 그 괘를 이룬다"고 했다.

大三合六生七八九 대삼합륙생칠팔구

하나를 나누어 둘로 만들고 하나에 두 갑절씩 곱하므로 여섯이 되나니 하늘과 땅과 사람이 제가끔 그 둘씩 얻어 합치면 여섯이 되고, 이 여섯에 하나와 둘과 셋을 더하면 일곱과 여덟과 아홉이 된다.

대개 수는 아홉에 이르면 돌고 돌아 다시 나서 그 쓰임이 다함이 없나니 낙서洛書의 아홉 수는 천지 조화의 작용이라. 그 또한 이와 더불어 깊이 합한다.

運三四成環五七 운삼사성환오칠

셋이란 끝남의 근본이오, 넷은 셋으로부터 나는 것이니, 이것이 근본의 변화된 자리라. 그러므로 셋과 넷으로 운행한다고 이르고, 여섯이란 삼극의 크게 합침이요, 일곱이란 여섯으로부터 나는 것이니, 이 또한 근본의 변화함이다.

그러므로 다섯은 여섯의 먼저가 되고, 일곱은 여섯의 뒤가 되므로 '가락지'를 이룬다고 함이니 이미 여섯의 합침을 말하였고, 또 가락지를 이룸도 말했으니 그 여섯을 말하지 않음은 뜻이 그 가운데에 있음이다.

一妙衍萬往萬來用變不動本 일묘연만왕만래용변부동본

'중용中庸'에 이르기를 "그 물건 됨이 둘이 아니니, 그 물건의 남‡을 측량할 수 없다"라고 하였으니, 둘이 아니라 함은 하나(한결같음)를 말함이다. 이 하나의 묘한 옮김이 미루어 불어나서 다함이 없는지라. 흩어지면 만 번 가고 거두면 만 번 오나니, 간다고 함은 한 근본으로 만 가지가 다름이요, 이룬다고 함은 만 가지 다름으로 한 근본이다. 그 묘한 작용의 변화를 가히 측량하여 잴 수 없나니, 그 근본이 되어 일찍이 동작하는 바 있지 않다.

本心本 본심본

마음의 근본은 곧 도道의 하나이라. 그러므로 사람으로 말하면 도의 근본은 또한 나의 마음의 것이라. 기록에 이르기를 "사람이란 천지의 마음이라"고 하였으니 또한 이 뜻이다.

太陽昻明 태양앙명

마음의 광명이란 하늘의 태양과 같아 비치지 않는 곳이 없다. 맹자^{孟子}가 이르기를 "해와 달이 밝음이 있으매 빛을 써서 반드시 비친다"라고 하니 도의 근본이 있음을 말함이다.

人中天地一 인중천지일

하늘과 땅과 사람은 하나이다. 사람은 하늘과 땅의 하나에 맞추어 삼재^{三才}가 되나니 사람이 능히 그 본심의 하나를 잃지 않으면, 천지만물의 근본이 나와 일체^{一體}가 되므로 이른바 천하의 큰 근본을 세우는 이는 이것에서 얻음이다.

一終無終一 일종무종일

도^{道}란 하나일 따름이다. 그러므로 하나로 마치되 하나에서 마침이 없다. 공자^{孔子}가 이르기를 "나의 도는 하나로써 뚫는다"라고 하였고, 석씨(석가모니)는 이르기를 "만 가지 법이 하나로 돌아간다"라고 하였고, 노자^{老子}는 "그 하나를 얻으면 만사가 끝난다"라고 하였으니 그 정밀하고 미묘함을 다시 어찌 이에서 더하랴.

― 노주 김영의$^{蘆洲 金永毅}$의 풀이 '한국 명저전집'$^{대양서적 1973}$에서 인용

독립운동가들의 천부경 찬

상해 임시정부의 중요 간부로 활약했던 이시영[1]은 1934년에 '감시만어^{感時漫語}'를 통해 천부경 전문과 자신의 소감을 소개했다.

그는 천부경 전승에 대해서 단군시대에 편찬된 천부경이 화액으로 전승되지 않았다가 최치원과 계연수를 거쳐 다시 세상에 전해졌다고 설명했다.

---

1) 이시영(李始榮 1869~1953): 호는 성재. 대한민국의 독립운동가 및 정치인이다. 1910년 말 서간도(西間島)로 가족을 거느리고 망명했다. 그의 6형제가 가재(家財)를 팔아 모은 것을 재원으로 삼아 국외에 독립운동기지를 건설했다. 대한민국임시정부 국무위원, 대한민국 초대 부통령을 역임했다. 중국 상해에서 천부경을 언급한 역사평론서 '감시만어'를 저술했다.

또한 이 천부경에는 성주괴공成住壞空의 우주 이치가 다 들어 있고, 인생 본연의 성명性命원리가 들어 있다고 밝혔다.

독립운동가인 오동진[1]은 평소에 천부경을 암송하고 다닌 것으로 유명하다. 그가 남긴 천부경에 대한 인식은 다음과 같다.

건곤의 정기로 배달을 세우고 천부인을 주어 보내니 장수들을 이끌고 주인이 되었다. 곰과 호랑이족이 교화를 원해 평등하게 더불어 혼인하니 가탁假託하며 교화하신 덕이 홍익인간이 되었다. (乾坤正氣 創成倍達 授符遣往 率將而主 熊虎願化 平等與婚 假化之德 弘益人間)

생전에 '환단고기' 발간에 기여했던 홍범도[2]는 다음과 같이 천부경을 칭송했다.

하늘이 움직이고 땅이 돌아 오칠의 고리를 이루었다. 하나가 크게 쌓이고 무궤의 삼이 되었다. 하나의 참된 상은 근본이 영원의 삶이다. 크구나 천부경이여 만세의 보배 경전이다.(天施地轉 環成五七 一積而鉅 無匱而三 一像之眞 根核永生 大哉天符 萬世寶典)

이처럼 일본강점기에 천부경이 널리 알려지고 주해서들이 집중적으로 나오게 된 것은 천부경을 중국이나 일본과는 다른 민족정신의 원형으로 인식하고 독립 정신을 고취시키는 민족 주체성의 근원으로 인식하였기 때문일 것이다.

당시 만주 지역에서 활동하던 대다수 독립운동가들이 천부경을 애독하거나 애송했다는 것에서 독립운동가들의 천부경을 대하는 태도를 짐작할 수 있다.

---

1) 오동진(吳東振 1889~1944): 1920년대 만주에서 항일무장투쟁을 한 독립운동가다. 김동삼, 김좌진과 함께 3대 맹장 중 한 사람으로 불렸다. 1962년 독립유공자 최고등급인 건국훈장 대한민국장을 추서받았다. 평소 천부경 구절을 암송한 것으로 알려져 있다.

2) 홍범도(洪範圖 1868~1943): 한말의 무장 독립운동가다. 만주 대한독립군의 총사령군으로 독립군 본거지인 봉오동 전투에서 최대의 승전을 기록했고, 이어 청산리 전투에서도 승전했다. 소련의 강제이주정책에 따라 카자흐스탄에 정착했다가 말년에 한인 고려극장에서 근무 중 사망했다. 생전에 오동진과 함께 '환단고기' 발간에 기여했다.

3장 | 현대의 천부경 해석

1980년대에 이르러 천부경에 대한 대중의 관심은 최고조에 달하였다. 또한 수많은 천부경 주해서가 출간되기도 했다. 여기서는 저작 발표 연도순에 따라 탄허[3] 스님의 천부경 현토 '국조단군'[1982년], 원불교 종법사였던 대산 김대거[4]의 천부경 해석 '여래장'[원불교출판부, 1994년], 서예가인 해청 손경식[5]의 천부경 해석 '천부경'[홍익삼경, 1996년], 주역의 대가인 대산 김석진[6]의 천부경 해석 '하늘 땅 사람의 이야기 대산의 천부경'[동방의 빛, 2009년]을 소개하고자 한다.

불승 탄허의 천부경 현토 (1982년)

一로 始無이나 始하여 一이며
析하여 三極이로되 無盡本이니라
天이 一로 一이며 地가 一로 二이며 人이 一로 三이니라
一이 積하여 十의 鉅이나 無匱히 化三하나니라
天이 二인즉 三하고 地가 二인즉 三하고 人이 二인즉 三하며
大三이 合으로 六이되어 生하여
七과 八과 九되어

---

3) 탄허(呑虛 1913~1983): 한국의 고승이자 불교학자다. 조계종 중앙역경원 초대원장을 지내며 불경을 한글로 번역하는 데 큰 기여를 했다. 불교 뿐 아니라 유교, 도교에 대해서도 해박해 '반야경' '능엄경' '주역선해' 등 저서를 남겼다. 민족사상에도 관심이 많아 생전에 병풍용으로 천부경 81자를 쓰고 토를 달았다.

4) 김대거(金大擧 1914~1998): 법호는 대산. 원불교의 세 번째 종법사다. 11살 나이에 할머니 법회에 참석하여 소태산 대종사를 만나고 원불교에 출가했다. 원불교 최고지도자인 종법사에 올라 원불교 재건의 기틀을 다졌다. "진리는 하나, 세계도 하나, 인류는 한 가족"이라는 게송으로 열린 종교를 지향했다. 생전에 천부경에 대하여도 우호적으로 평가했다.

5) 손경식(孫敬植 1934~2022): 호는 해청. 국전 특선, 국전 심사위원을 지낸 서예가다. 동학 등 민족사상에 심취해 중국 문화 중심의 천자문에서 탈피하여 한국 문화를 중심으로 한 800자 백림문(百林文)을 저술하였고, 이를 기초로 '칠체 백림문'을 완성하였다. 저서에 '홍익삼경' '천부경' 등이 있음.

6) 김석진(金碩鎭 1928~2023): 호는 대산. 주역의 대중화에 기여한 한학자로 알려져 있다. 천부경의 가치를 대중에 알리는 데도 기여했다. 그의 주역과 천부경의 이론적 기초는 스승인 야산 이달(李達)로부터 전수받았다고 한다. '대산의 천부경' '주역전의대전역해' 등이 있음.

運三과 四로 成環五와 七하나니라

一妙衍 萬往하고 萬來하여 用變하되 不動本이니라

本心이 本太陽이니 昂明하여

人中에 天地가 一이니

一은 終無하되 終하여 一이니라.

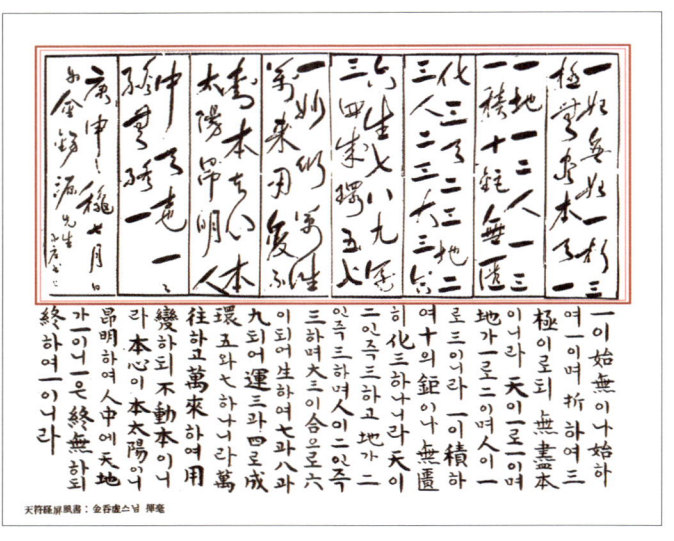

天符經屛風書 : 金呑虛스님 揮毫

탄허의 설명 1 : 천부경에 첫 문귀는 일一은 시무시始無始의 일一이요 라고 되어 있고, 그 끝은 일一은 종무종終無終의 일一이라 하였습니다. 이 말은 일一은 시작인데 시작하지 않은 일一이요, 또 일一은 끝냄인데 끝냄이 없는 일一이라는 말입니다. 천天은 양陽이므로 일一이며, 지地는 이二, 인人은 삼三으로 되어 태극에서 시작된 수는 삼극, 즉 무극 태극 황극을 거쳐 일一로 귀일歸一한다는 것인데, 일一의 사상은 불교의 원리와 부합되며 역학의 원리와도 부합됩니다.

— '부처님이 계신다면' 140쪽

탄허의 설명 2 : 천부경의 첫머리에 있는 일一은 시무시^{始無始}의 일一이라. 일一은 시^{始}가 없는 일一이라. 천지간에 제일 먼저 생긴 것이 천지라 하지만, 천지 생기기 이전부터 이 자리는 불변입니다.

천지간에 최후로 없어지는 것이 천지이지만 이 일一은 천지 없어진 이후에도 이 자리는 불변입니다. 그러니까 마지막 일一은 종무종^{終無終}의 일一이라. 종^{終}이 종결이 없는 일一이라.

그 하나 자리를 부연한 것이 바로 주역 14권의 요지입니다. 주역 14권의 요지는 천 지 인 삼재의 원리인데, 이를 3 3은 9가 나오고 이를 다시 승해서 9 9는 81 즉, 천부경 81자를 이룬 것입니다.

일一은 시무시^{始無始}의 일一이고, 일一은 종무종^{終無終}의 일一이라는 바로 그 자리 하나만을 터득할 것 같으면, 나머지 문제는 저절로 풀려나갈 것입니다.' ― '국조단군'[1982년]

[편저자의 부연 설명] 탄허(1913~1983)스님은 불경학은 물론 주역과 정역까지 일가를 이룬 분이다. 스님은 천부경을 병풍으로 남긴 것으로 전하나 확인할 수 없다.

원불교 김대거의 천부경 해석 (1994년)

一始無始一 일시무시일

하나로 비롯했으나 하나로 비롯한 바가 없다.

一析三 일탁삼

하나는 셋으로 벌어져서

極無盡 本一 극무진 본일

극도에는 다함이 없으나 근본은 하나니라.

天一一 地一二 人一三 천일일 지일이 인일삼

하늘 하나가 첫째요, 땅 하나가 둘째요, 사람 하나가 셋째라.

一積十 巨無櫃 化三 일적십 거무궤 화삼

하나가 쌓여 열이 됨에 커서 다함이 없으나 변화는 셋이라.

天二三 地二三 人二三 천이삼 지이삼 인이삼

하늘 둘이 셋이 되고, 땅 둘이 셋이 되고, 사람 둘이 셋이 되니

大三合六 生七八九 대삼합륙 생칠팔구

큰 셋이 합하여 여섯임에 7 8 9를 낸지라.(天地人=陰陽)

運三四成環 운삼사성환

3 4를 운전하여 고리를 이루고 (12개월, 12회)

五七一妙衍 오칠일묘연

다섯과 일곱은 하나에서 묘하게 불어남이라.

萬往萬來 用變不動本 만왕만래 용변부동본

만 번 가고 만 번 오되, 용은 변하나 근본은 동치 않나니

本心本太陽 본심 본태양

근본은 마음이고, 근본은 태양이라.(天心이 人心, 人心이 天心)

昂明人中 앙명인중

사람이 중中을 높이 밝히고

天地一 천지일

천지도 하나니

一終無終一 일종무종일

하나로 마침에 하나로 마친 바가 없나니라

  김대거의 설명 : **일시무시일**一始無始一은 하나로 비롯했지만 하나로 비롯한 바가 없다. 그것이 불생不生이다. 불생불멸不生不滅 가운데 일시무시일은 불생이고, 일종무종일은 불멸이다. 하나로 마쳤지만 하나로 마친 바가 없다는 것은 불멸이다. 일탁삼一柝三1)은 천·지·인이 나왔다는 말이다. 극무진極無盡의 극極 자는 유교

---

1) 원불교 종법사를 지낸 대산 김대거(1914~1998)는 일시무시일(一始無始一)에서 '一'을 해석한 데 이어 추가로 '一'을 더 붙여 일탁삼(一柝三)을 해석했다.

의 무극 자리이나, 법신불이나, 법신불 일원상이나, 태극이나 극이 없다. 대종사는 말없이 원(○)을 그려 놓으셨는데, 그것이 극 자리로 다함이 없는 자리의 표현이다. 일⁻¹⁾ 의 일⁻자리는 일원상 자리요, 무극 자리요, 법신불 자리며, 하나님 자리다.

일적십⁻積+은 시방+方을 말하며, 열이라고 하는 그 열은 하나를 합한 열이요, 하나는 열을 합한 하나이다. 하나에서 둘이 되고, 둘이 셋이 되는데, 셋은 천지인, 넷은 동서남북, 다섯은 동서남북에 중앙, 여섯은 육도(육합), 칠은 금목수화토에 일월, 팔은 팔방, 구는 팔방에 중앙, 십은 시방이다.

운삼사성환運三四成環 하루는 12시, 한해는 12달, 원불교 회상은 12년씩 잡아서 36년이 1대代다. 수운대신사께서 앞으로 지극한 도가 나오는데, 후천구복 12회後天九復十二會라고 했다.

오칠일묘연五七一妙衍 인간도 오욕칠정이 있다.

본심 본태양本心 本太陽 마음이 근본이다. 진리의 태양이 솟아야 한다. 천지에 태양이 중심이 되듯이 깨쳐야 이 세계에 진리의 태양이 솟는다. 진리의 태양이 솟기로 할 것 같으면 정심定心 유정심有淨心 일심⁻心이 되어야 한다. 허령 지각 신명을 얻었더라도 중심, 중도, 중화가 되어야 한다.

앙명인중昻明人中은 무서운 글이다. 땅이 큰데 땅보다 더 큰 것이 하늘이고, 하늘보다 더 큰 것이 사람이다. 왜냐하면, 사람이 없으면 천지는 빈 껍질이기 때문이다. 사람이 천지를 운행하기 때문에, 천지보다 큰 것이 사람이기 때문에 사람이 중도中道를 밝히라는 것이다. 사람이 중도를 밝혀야 하기 때문에 원래에 그 사람은 천지인에 합한 그 사람으로 천지보다 크기 때문에, 높이 그 사람을 천지에서 숭앙崇仰한다는 말이다. 앙명昻明이란 숭앙한다는 의미

---

1) 대산 김대거는 극무진 본일(極無盡 本一)이라고 하여 '一'을 추가하여 해석했다. 이로써 대산은 81자가 아닌 83자로 천부경을 풀이했다.

다. 하늘보다 크고, 땅이 크지만, 중도를 밝힌 그 사람이 크다. 대진리관, 대윤리관, 대국가관, 대세계관을 정립해서 일하는 사람이 앙명인중인 것이다.

일시무시일, 일종무종일, 앙명인중 이 셋을 밝히기 위해서 해 놓은 것이 천부경이다. 부처님이나 공자님이나 노자님이나 예수님이 다 중^{中}을 밝히신 어른이다. 박중빈 대종사(소태산)도 그것을 밝히셨다. 중^{中}이란 원만 평등한 자리기 때문에 우리가 일생을 원만 평등하게 살고 갔냐, 안 살고 갔냐 여기에 귀착점이 된다. 우리가 인생을 살아갈 때 원만 평등한 중^{中}을 잡고 살아야 된다.

천지일^{天地一}은 천지와 하나가 됨에 성주$^{聖呪:원불교\ 주문}$가 되며 천지와 같은 하나가 된다. 앙명인중해서 천지와 같이 하나란 말이다. 그런데 그 자리는 일종무종일^{一終無終一}이라. 하나로 마쳤지만 하나로 마친 바가 없다. 불멸^{不滅}이다. 성주에서 말한 만세멸도상독로^{萬世滅度常獨露}(육신이 멸한 오랜 세월에도 자성은 홀로 드러난다)이다.

천부경은 불생불멸의 진리를 밝혔으니 최고의 진리이다. 천부경을 놓고 시비할 것이 아니라, 하늘같이 살고 땅같이 살려면 중도를 갖추어 천하에 유익한 사람이 되어야 한다. 구변수도^{九變修道}를 하면 천지와 하나된 사람으로, 천지보다 큰 사람이다. 땅은 한정이 있고, 하늘도 한정이 있지만, 우리의 마음은 한정이 없기 때문에 큰 것이 된다. 우리나라가 서기 역사만 쓰고 단군 역사를 쓰지 않기 때문에 한국의 민족혼이 없어질까 염려된다.

[편저자의 부연 설명] 대산 김대거 종법사는 일탁삼^{一枛三}, 극무진본일^{極無盡本一}에 각각 일^{一}을 추가하여 모두 83자의 천부경을 설명하고 있다. 또 거무궤^{巨無櫃}는 일반적인 거^{鉅}, 궤^{匭}를 취하지 않았다. 특히 원=하늘, 방=땅, 각=만물이라 하고 이를 4은^{恩} 사상과 같은 것으로 보았다.

서예가 손경식의 천부경 해석 (1996년)

一始無始一 일시무시일

하나의 시작은 유형천^{有形天}을 뜻하며, 시작이 없는 무시는 무형천^{無形天}으로 서로 일체이다.

析三極 無盡本 석삼극 무진본

분석하면 세 극점이 생기나, 궁진^{窮盡}함이 없는 것이 근본이니라.

天一一 地一二 人一三 천일일 지일이 인일삼

하늘이 1차 창조로 1의 기본수가 되고, 땅이 1차 창조로 2의 기본수가 되고, 사람이 1차 창조로 3의 기본수를 이루었다.

一積十鉅 無櫃化三 일적십거 무궤화삼

1을 쌓아 10으로 커지니, 궤^{櫃}할 수 없어 (다음 단계인) 3으로 변화하느니라.

天二三 地二三 人二三 천이삼 지이삼 인이삼

하늘이 2차로 창조되니 3수가 되고, 땅이 2차로 창조되니 3수가 되며, 사람이 2차로 창조되니 3수가 되느니라.

大三合六生七八九 대삼합륙생칠팔구

큰 3이 합하여 6이 되어, 7과 8과 9를 생성하느니라.

運三四成環五七 운삼사 성환오칠

3과 4를 운행하여 순환을 하니, 5와 7의 완전함을 이루느니라,

一妙衍 萬往萬來 用變不動本일묘연 만왕만래 용변부동본
1은 묘하기 그지없으니 만 번을 지난 과거나 만 번을 올 미래에 있어서 활용에는 변화가 있으나 근본은 움직이지 않느니라.

本心 本太陽 昂明본심 본태양 앙명
근본은 마음이요, 근본은 태양이니, '마음과 태양의 상관원리'를 높은 차원에서 밝힐지니라.
*사람의 근본은 마음에 두고, 천지의 근본은 태양에 둔다는 뜻

人中天地一인중천지일
사람 가운데 천지신명이 위치하여 있으니 천지인은 일체이니라.

一終無終一일종무종일
하나의 끝으로 '유형천'이 종결되니, 끝이 없는 '무형천'과 일체이니라.

손경식의 설명 : 인일삼人一三은 첫 사람의 창조를 의미하고, 인人은 인신人神을 의미한다. 궤匱는 상자로, 밤의 껍질 같은 것이다. 밤은 익으면 껍질이 터진다. 아기를 분만하는 것과 같다. 대삼합륙大三合六의 6은 천3, 지3의 합 6에 천지인 기본수 1, 2, 3을 합한 수이며, 운삼사運三四는 덕혜력과 원형이정, 내3단丹과 외4단丹이다. 성환오칠成環五七은 오행과 칠요七曜, 5소주천과 7대주천을 뜻한다.

  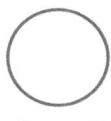 

천부인 구성도

[편저자의 부연 설명] 해청 손경식 선생은 삼일도로 천부경의 진수를 잘 드러내고 있다. 그림 중 마지막 삼일도는 가운데 정삼각형이 1개, 거꾸로 선 작은 삼각형이 좌우로 2개, 원과 사각형 사이에는 초승달 모양의 원이 4개 있다. 이는 원방각이 비로소 하나가 되었다는 뜻이다. 그래서 이 그림 이름을 '삼일도'라 한 것으로 보인다.

또한 손경식은 81자 중에 숫자가 31번 나오는 것에 의미를 두고 있다. 1자가 11번, 2자가 4번, 3자가 8번, 7자가 2번, 그리고 4, 5, 6, 8, 9, 10은 각 한 번씩 나온다.

2022년에 별세한 해청 손경식 선생은 국가정보원 원훈석院訓石을 남긴 서예의 대가로 활동하였다. 편저자도 그의 천부경 서예작품을 소장하고 있다.

주역학자 김석진의 천부경 해석 (2009년)

一始無始一 일시무시일

'한'에서 비롯됨一始이니 비롯됨이 없는無始 '한一'이다.

析三極 석삼극 **無盡本** 무진본

세 극三極으로 나누어도析 근본은 다함이 없다.無盡本

天一一 천일일 **地一二** 지일이 **人一三** 인일삼

하늘天은 하나一이면서 첫 번째一요, 땅地은 하나一이면서 두 번째二요, 사람은 하나一이면서 세 번째三이다.

一積十鉅 일적십거 **無匱化三** 무궤화삼

하나一가 쌓여積 열十로 커가니鉅 어그러짐 없이無匱 삼극은 조화를 이룬다.化三

天二三 천이삼 **地二三** 지이삼 **人二三** 인이삼

하늘天도 둘二이요 셋三, 땅地도 둘二이요 셋三, 사람도 둘二이요 셋三이다.

大三合六 대삼합륙

큰大 셋三을 합合하여 여섯六이 된다.

生七八九 생칠팔구

일곱七, 여덟八, 아홉九을 낳는다.生

運三四 운삼사 **成環五七** 성환오칠

셋三과 넷四으로 운행運하고, 다섯五과 일곱七으로 고리環 이룬다.成

一妙衍 일묘연 **萬往萬來** 만왕만래

'한一'이 묘妙하게 커져衍 만萬이 되어 가고往 만萬이 되어 오나니來

用變不動本 용변부동본

쓰임用은 변變하나 근본本은 변하지 않는다.不動

本心本太陽昂明 본심본태양앙명

사람의 본심本心이 태양太陽의 밝은데昂明 근본하니本

人中天地一 인중천지일

사람人이 하늘天 땅地 가운데中에 들어 하나一가 된다.

一終無終一 일종무종일

'한一'에서 마침終이니 마침終이 없는無 '한一'이다.

김석진의 설명 1 : 우리말의 '한'은 본래 '하나' 이면서 동시에 '하늘'을 뜻하였다. 그러므로 일시一始를 숫자 개념이 아니라 하늘의 뜻으로 연계해보면, 일시一始는 곧 '하늘의 비롯됨'으로 해석해 볼 수 있다. 무시無始의 일一을 하나一로만 해석하여 표기하면 숫자 1에 집착하기 쉬우므로, '하나'와 '하늘'을 동시에 뜻하는 '한一'으로 표기한다. 무无가 곧 시원始元이다. 따라서 무시無始의 한一은 시원을 말할 수 없는 시원이다. 이것을 숫자로 표기하면 0零이라 할 수 있다. 무시無始를 한 걸음 더 나아가 생각하면, 천지가 생기기 이전을 말하는 것일 수 있다.

우주의 근원적인 삼재를 어떻게 표현할 것인가? 고대인의 사유로 돌아간다면, 우선 우주의 삼재를 소리로 표현하였을 것이다. 예컨대 우리 훈민정음의 'ㆍ' 'ㅡ' 'ㅣ'가 이에 해당된다. 그 다음은 그림으로 표현하였을 것이다. '○' '□' '△'이 그것이다. 이런 원방각으로의 표현은 동서양이 대동소이하다.

'천부경'에서 1과 3은 서로 떨어질 수 없기에 무궁한 조화를 이루어야 하는 관계를 가진다. 하나에서 나와 하나로 돌아가는 그 가운데는 온갖 변화가 내재되어 있다. 이를 '천부경'에서는 그렇게 내재된 변화, 즉 '조화造化'라고 한다. 헤아릴 수 없이 머나먼 옛적에 모든 것의 근원인 하나를 얻음으로써, 우주의 역사는 시작되었고 3의 조화에 의해 우주는 존재하며 발전하는 것이다. 그래서 '일적십거 무궤화삼' 이다. 음과 양은 서로 뿌리가 되어 주고, 동일한 뿌리에서 시작한다. 이 말을 앞에서 설명한 '일적-십거-무궤'로 이해할 수 있다. 일적一積이 비록 양수 1을 말했지만, 그 자체는 음을 지향한다. 음의 근원이 양에 있다는 것을 보여주고 있다. 또 십거十鉅도 비록 음수 10을 말했지만,

그 자체는 양을 지향한다. 양의 근원이 음에 있다는 뜻이다. 이처럼 음양은 무궤하여 서로 뿌리가 되어 준다. 동정이 서로 뿌리가 되어 주기 때문이다.

  김석진의 설명 2 : 운행하는 수에 3과 4가 있고, 고리 이루는 수에 5와 7이 있다. 3과 4는 곱하면 12이고, 5와 7은 더하면 12이다. 시간과 공간은 12로 만나듯이 서로 별개가 아니다. 직각삼각형의 가로와 세로 비율이 3:4이면, 나머지 삼각형의 빗금은 저절로 5가 나온다. 3과 4가 만나 삼각형의 5가 나오고, 3과 4를 합하면 7이 나온다. 시간 속에서 공간이 나오고, 공간은 또 시간 속에서 돌아간다. '금강경金剛經'에서는 다음과 같이 이야기한다.

"보살은 어떤 대상에도 집착 없이 보시해야 한다. 이른바 형색에 집착하지 않고 마음을 내어야 하며 소리, 맛, 냄새, 감촉, 마음의 대상에도 집착하지 않고 마음을 내어야 하며, 마땅히 머무름에 집착없이 마음을 내어야 한다.(菩薩於法 應無所住 行於布施 所謂不住色布施 不住聲香味觸法布施 須菩提 菩薩應如是布施)"

  이것이 "응무소주이생기심應無所住 而生其心"이고, 머무름에 집착함이 없는 곳이 바로 부동본不動本의 세계이다. 모든 변화에도 근본은 절대 부동이기 때문이다. '천부경'은 하늘에 태양이 하나이듯이 살아 있는 내 몸에도 하나의 마음이 있을 뿐이요, 그 마음은 본래 어둠을 이기고 나온 '빛의 존재' 라는 것을 말해주고 있다.

  인중人中은 '天一 地一 人一'로부터 무간지중無間之中의 中一을 이루기 위한 것일진대, 이는 만세토록 우리 민족의 움직일 수 없는 확고불발確固不拔의 신념이요, 철학이며, 민족 정신사의 대광명처大光明處이다. '천부경'은 중복되지 않는 낱글자로 모두 45자인데, 바로 이 하나, 한一의 변함없는 이치를 우리에게

일러주고 있다고 할 것이다. 여기에 '천부경'의 현묘함이 있고, 또한 홍익인간 정신의 절묘함이 있으며, '한一' 사상의 무궁함이 있는 것이다. 그래서 일종 一終이 무종無終[1]이므로 다시 一이 되는 것이다.

[편저자의 부연 설명]: 주역의 대가로 알려진 대산 김석진1928~2023선생의 천부경 유튜브 강의는 34만 조회수2025년 기준를 기록할 정도로 유명하다. 1980년대부터 주역을 강의할 때 천부경도 함께 강의함으로써, 주역은 물론 천부경을 세상에 알리는 데 큰 기여를 한 것으로 평가받고 있다.

---

1) 대산 김석진의 해석은 무시(無始) 무종(無終)을 주역의 관점에서 설명하고 있다.

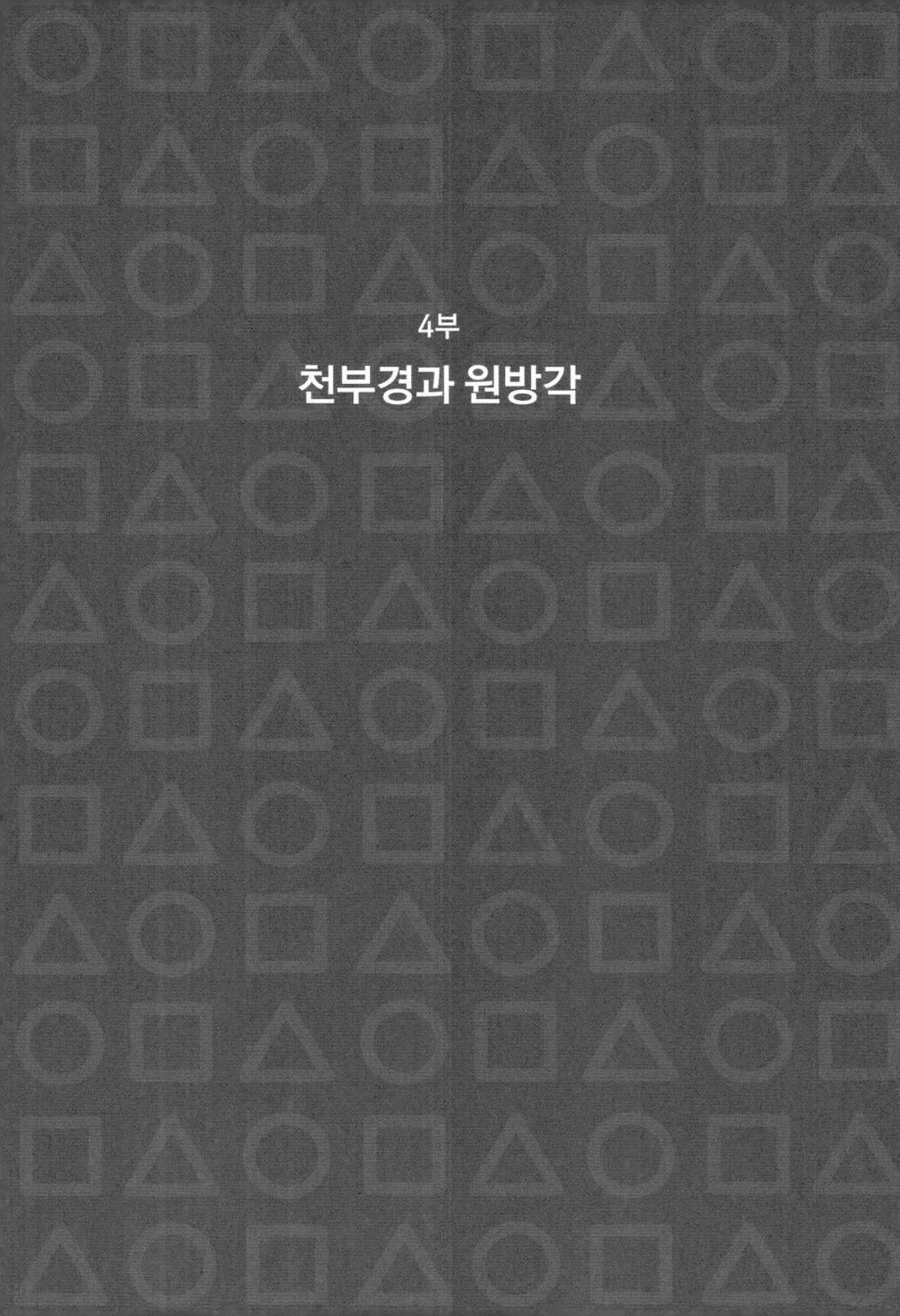

4부
천부경과 원방각

|1장| 원방각의 철학적 기초

가위바위보는 숫자로 2-1-3

원방각에 대해 설명하기에 앞서, 가위바위보에 대해 이야기해보자. 놀랍게도 원방각의 비밀은 가위바위보와 같이, 우리 일상에 스며들어 오랫동안 전해진 것들에 숨어 있다.

가위바위보를 형상으로 정리하면, 가위는 숫자 2에 해당한다. 바위는 한 주먹이므로 숫자 1에 해당한다. 다만 보는 숫자 3이 와야 하는데, 손가락을 다 펴면 5가 되어 이치에 모순된다. 때문에 처음에는 손가락 3개를 펴는 것이 보의 원형이었다고 추정할 수 있다. 따라서 가위바위보는 숫자 1, 2, 3을 알려주는 것이다.

이를 정리하면 가위-바위-보는 숫자로 2-1-3이다. 이를 순서대로 나열하면 바위1-가위2-보3이다. 바위는 주먹을 쥔 상태이므로 원圓을 상징한다. 원은 1이다. 가위는 두 손가락을 벌린 것이므로 사각형이다. 사각형은 눈에는 4변으로 보이나 실제는 가로 세로 2변이다. 그래서 가위는 세운 'ㄱ'자형으로 2의 사각형이다. 보는 세 손가락이 모이면 모든 것을 자유롭게 감쌀 수 있으므로 3이다.

역사학자인 이고선이 '심당전서心堂全書 1981년'에서 형상으로 밝힌 바에 의하면, 원圓은 ○이고, 방方은 □이고, 각角은 △이다. 숫자로는 1, 2, 3이다.

독립운동가인 서일[1]은 '회삼경會三經'에서 다음과 같이 말한다.

> "○, □, △의 세 묘妙함은 온갖 형상의 근원이요, 셈數에 있어서 일어나는 바이니라.

---

1) 서일(徐一 1881~1921): 호는 백포. 본명 서기학(徐夔學). 대일항쟁기 때 중광단 단장, 북로군정서 총재, 대한독립군단 총재 등을 역임한 항일독립운동 지도자다. 독립군 양성과 함께 육영사업에 힘쓴 대종교인으로 '회삼경'을 저술했다.

그 주체는 ○ 여섯, □ 넷과 △ 셋이요,
그 쓰임은 ○ 여섯, □ 여덟과 △ 아홉이요,
그 공약수는 ○ 하나, □ 둘과 △ 셋이니라.
그 까닭은 셈(수)으로써 말하면 ○동그라미는 하나로써 비롯하고(○ 一始), □네모는 둘로써 비롯하고(□二始), △세뿔은 셋으로써 비롯한다(△三始).”

또 일연一然스님이 편찬한 '삼국유사三國遺事'에서도 3수가 반복적으로 나온다.

"옛날에 환국桓國이 있었다. 그 나라의 서자 환웅桓雄이 하늘 아래에 뜻을 두어 인간 세상을 탐하였다. 아버지환인가 아들의 뜻을 알고 삼위 태백을 내려보니 인간세상을 널리 이롭게 할 만한지라 이에 천부인天符印 3개를 주고 가서 다스리게 하였다.

환웅이 무리 3천명을 이끌고 태백산 신단수神壇樹 아래에 내려와 그곳을 신시神市라고 하니 이 분이 환웅천왕이다. 풍백과 우사, 운사와 곡식, 생명, 질병, 형벌, 선악을 맡은 자를 거느리고, 인간의 360여 일들을 주관하면서 세상을 다스리고 교화를 베풀었다.

昔有桓国 庶子桓雄數意天下貪求人世. 父知子意下視三危太伯可以弘益人間, 乃授天符印三箇遣往理之. 雄率徒三千降於太伯山頂 神壇樹下謂之神市, 是謂桓雄天王也. 將風伯·雨師·雲師, 而主穀·主命·主病·主刑·主善惡凡主人間三百六十餘事在世理化."

이러한 기록들을 토대로 이미 오래전부터 가위바위보에 쓰인 3의 숫자가 중요하게 사용되었음을 알 수 있다.

원-방-각의 천부 3인

일연스님의 '삼국유사'에는 '천부인 3개'라는 말과 '홍익인간'이라는 말이 나온다. 이 천부인 3개가 무엇인가에 대해서는 여러 이야기가 전해져온다. 그 중 최남선은 방울, 북, 관冠,갓이라고 했고, 다른 자료에서는 방울, 북, 거울이라고 했다. 그러나 이런 표현들은 후대後代에 쓰인 것이다. 태초의 천부인 3개는 원-방-각이 맞다. 이를 '천부삼인天符三印'이라고도 한다.

'천부삼인'이 정확하게 쓰인 문헌은 1666년 홍만종[1]이 쓴 '해동이적海東異蹟'이다. 여기에서는 환웅이 환인에게서 천부삼인을 받아서受天符三印 3천의 무리를 거느리고 태백산 마루에 내려왔다고 기록되어 있다. 이보다 10년 늦은 1675년에 북애자[2]가 저술한 '규원사화揆園史話'에는 천부삼인에 대해 여러 차례 언급한다. 한 분의 큰 주신一大主神이 환웅천왕에게 천부의 세 가지 인天符三印을 주며 말하였다.

> "이것을 가지고 널리 천하에 교화를 베풀라고 하였다. 환웅천왕은 흔연히 명을 받들어 천부의 세 가지 인을 지니고서 풍백風伯·우사雨師·운사雲師등 삼천의 무리를 거느리고 태백산의 밝달나무 아래로 내려왔다.
> 桓雄天王, 欣然領命, 持天符三印, 率風伯 雨師 雲師等 三千之徒, 下降太白之山 檀木之下."

그렇다면 원방각이 상징하는 것은 무엇인가? 하늘, 땅, 사람을 표현하려

---

1) 홍만종(洪萬宗 1643~1725): 호는 현묵자. 조선후기 문신. 학자, 시평가이다.. 문필로 이름이 있는 집안에서 태어나 벼슬을 버리고 학문과 문장에 뜻을 두어 역사·지리·설화·가요(歌謠)·시 등의 저술에 전념했다. 도교에 심취해 '해동이적(海東異蹟)' '순오지(旬五志)'등을 저술했다.

2) 북애자(北崖子 ?~?): 본명 미상. 조선후기'규원사화'의 저자로 알려진 은사(隱士)이다. 지리와 역사, 특히 우리의 잃어버린 상고사와 그 강역(疆域) 연구에 매진했다. 모화사상에 물들어 사대주의만을 능사로 알았던 그 당시 통치자들의 기존 역사관을 과감히 비판하고 새로운 민족사관을 제시한 것으로 평가받고 있다.

는 것이다. 원방각의 근원은 천지인ᵀ地ᴬ이다. 그리고 역사적으로는 풍백, 우사, 운사를 뜻한다. 인사적으로는 부사군父師君이다. 부사군은 아버지, 스승, 임금을 뜻한다.

태초의 한국인들은 이처럼 하늘, 땅, 사람의 관계에 주목하였고, 이를 어떻게 표현할 것인가를 놓고 고민하였다. 특별히 원圓에는 영혼의 뜻도 들어 있다고 생각했다. 영혼이란 정신을 의미한다. 그렇다면 방方은 물질세계, 각角은 인간의 의식세계로 설명할 수 있다.

이렇게 원방각 개념은 고조선 이전부터 형성된 것임을 확인할 수 있다. 이는 원방각 개념이 인류의 원형 의식에 가깝다는 것을 의미한다.

한글 속의 원방각

한글은 세계에서 가장 주목받는 한국의 소프트 파워 중 하나이다. 한글에서도 천지인과 원방각의 원리가 담겨 있다. 1443년 조선 세종대왕 때 만들어진 한글의 원형인 훈민정음에 대한 원문부터 살펴보기로 하자.

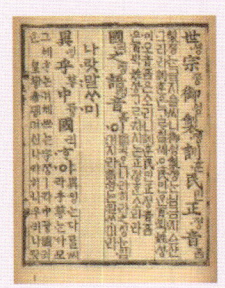

계해년¹⁴⁴³년 겨울, 우리 임금께서 정음 28자를 창제하시어 간략히 보기와 뜻을 들어 보이시고 그 이름을 훈민정음이라 하시니. 글자 모양은 발음기관의 움직임을 본떠 그렸으며 글자는 옛 전자篆字를 모방하였고, 소리를 따랐으되 글자는 일곱 가락에 들어맞는다. 癸亥冬. 我殿下創制正音二十八字 略揭例義以示之 名曰訓民正音. 象形而字倣古篆 因聲而音叶七調.

—훈민정음후서

형상을 본떠서 상형象形 글자를 만들었다는 말은 1940년에 경북 안동에서 '훈민정음 해례본'이 발견됨으로써 확실히 밝혀졌다. 초성의 기본글자(ㄱ, ㄴ, ㅁ, ㅅ, ㅇ)는 사람 몸속에 있는 보이지 않는 발음기관의 움직임을 보고 본떠 만들었다. 이것이 닿소리(자음)의 상형象形이다.

그 다음 3모음(·, ㅡ, ㅣ)은 천지인을 각기 본뜬 것이다. 이것이 홀소리(모음)의 상형象形이다. 나머지 글자는 여기에 한 획씩 더해 나간 것이다. 이것이 가획加劃의 원리이다.

초성의 구체적인 상형의 원리는 다음과 같다.

구분	상형		가획		이체	
어금닛 소리 (아음)	혀뿌리가 목구멍을 막는 모양 본뜬 것	ㄱ	소리가 좀 세게 나서 획을 더하였다.	ㅋ	그 소리에 따라 획을 더한 뜻은 모두 같으나 형태가 다른 어금닛 소리와 다르다.	ㆁ
혓소리 (설음)	혀가 윗잇몸에 붙는 모양을 본뜬 것	ㄴ	소리가 좀 세게 나서 획을 더하였다.	ㄷ ㅌ	혀의 모양을 본뜨기는 했으나 그 본을 달리 하였다. '반혓소리'	ㄹ
입술 소리 (순음)	입의 모양을 본뜬 것	ㅁ	소리가 좀 세게 나서 획을 더하였다.	ㅂ ㅍ	-	-
잇소리 (치음)	아랫니의 모양을 본뜬 것	ㅅ	소리가 좀 세게 나서 획을 더하였다.	ㅈ ㅊ	이의 모양을 본뜨기는 했으나 그 본을 달리하였다. '반잇소리'	ㅿ
목구멍 소리 (후음)	목구멍의 모양을 본뜬 것	ㅇ	소리가 좀 세게 나서 획을 더하였다.	ㆆ ㅎ	-	-

초성 17자에 이어, 다음으로 중성의 제자 원리는 가장 기본이 되는 소리 셋을 먼저 기본 글자로 만들었다. 이때 하늘ㅊ과 땅ㅂ, 사람ㅅ의 상징적인 모양을 본떠(상형) 만들었다.

'•'는 혀를 오그라지게 해서 소리 내고, 그 소리는 깊으니…… 모양이 둥근 것은 하늘을 본뜬 것이다.
'ㅡ'는 혀를 조금 오그라지게 해서 소리 내고, 소리는 깊지도 얕지도 않으니…… 모양이 평평함은 땅을 본뜬 것이다.
'ㅣ'는 혀를 오그라들지 않게 조음(調音)하고, 소리가 얕으니 …… 그 모양이 서 있는 꼴은 사람을 본뜬 것이다.

구분	기본자	초출자	재출자
천 天	•	ㅗ, ㅏ	ㅛ, ㅑ
지 地	ㅡ	ㅜ, ㅓ	ㅠ, ㅕ
인 人	ㅣ	-	-

정역학자인 이정호는 '훈민정음의 구조원리-그 역학적 연구'에서 원방각과 가운데에 열 십+자형을 기본으로 '훈민정음도'를 만들었다. 이는 초성기본음 평면도와 중성평면도의 결합형이다.
또 천지인의 원리를 자음에서도 찾을 수 있다. 최재충은 천부경을 설명하면서 ㅇ ㅁ ㅿ도 원방각으로 설명하며 이것이 한글의 기본체라고 덧붙였다. 또한 자음의 의미적 특성을 발견하였다.

'ㄱ'은 가장자리^{외곽}

'ㄴ'은 자성^{自性} : 나, 낱, 낳다, 나다 등

'ㄷ'은 물질성 : 닿음, 달, 닫다 등

'ㄹ'은 진행 : 갈, 날, 줄줄, 훌훌 등

'ㅁ'은 자연 : 물, 뫼, 많다 등

'ㅂ'은 행동 : 보다, 바쁘다, 빠르다 등

'ㅅ'은 수^數 : 세다, 셋, 새 등

'ㅈ'은 상태 : 자라다, 잠자다, 잘한다 등

'ㅎ'은 우주성 : 하나, 하늘 등.

원방각과 아으이, 자음   이정호 훈민정음도

이처럼 훈민정음의 '초성+중성+종성'의 삼원^{三元} 체계는 중국식 이원^{二元} 체계(성모+운모)를 답습한 것이 아닌 독창적인 분류법으로, 세계문자사의 일대 혁명이라고 일컬어진다.

| 2장 | 원방각 속 원형 의식과 민족 의식

원방각은 인류의 원형 의식

　다시 원방각으로 돌아가 보자. 하늘은 둥근 원이다. 원은 한 번에 가장 크게 그릴 수 있다. 또한 원은 순환과 무한을 상징한다. 봄, 여름, 가을, 겨울이 돌고 도는 것이 원을 상징하고 있다. 이런 4계절의 순환은 무한한 시간과 같다. 똑같은 자리를 똑같이 돈다. 컴퍼스를 똑같이 해놓고 돌리면 자연히 둥근 원이 된다. 그래서 시간은 둥근 원이고, 숫자로는 1이다.

원圓　방方　각角

　땅은 네모이다. 지구본을 보면 땅도 둥글지만, 사람들이 네모로 묘사한 것은 사각이 동서남북 사방을 상징하기 때문이다. 네모를 축약하면 가로, 세로 두 변邊만 있으면 된다. 마주 보고 있는 두 개의 가로 변은 그 길이가 같고, 또 마주 보고 있는 두 개의 세로 변도 그 길이가 같으므로 결국 가로, 세로 한 변씩만 있으면 된다. 그래서 네모는 숫자로는 2이다.

　사람은 머리가 있다. 머리의 얼굴이 사람을 상징한다. 그러므로 사람에게는 머리가 하늘과 같다. 하늘 천天 자의 옛 글자도 머리에 해를 그린 것이다. 그러나 사람의 몸으로 보았을 때는 몸통은 방이 되고 두 다리는 각이 된다. 그래서 머리의 형상을 기준 삼아 다리까지 내려서 뿔로 그린다. 한자로는 뿔 각角이다. 각角은 삼각 형태다.

　삼각형의 뾰족한 곳이 사람의 머리이고, 밑변은 몸통이다. 그래서 사람은 삼각형이고, 고깔모자를 쓰고, 숫자로는 3을 의미한다. 그러므로 삼각 문양은 1+2=3과 같이 합일을 상징한다. 원방각 그리고 1, 2, 3은 영원히 변하지 않는다. 일, 이, 삼이다. 최재충은 홀수(1), 짝수(2), 홀짝수(3)으로 보았다.

편두 옥인 　　　　　고깔 모자

결론적으로 하늘은 원만圓滿하고, 땅은 방정方正하고, 사람은 각인角人이 된다. 이때 각인은 신선을 말한다. 원은 하늘의 마음이고, 방은 땅의 마음이고, 각은 사람의 마음이다. 원은 하나가 하나 되는 마음이고, 방은 둘이 하나 되는 마음이고, 각은 셋이 하나 되는 마음이다. 서로가 서로를 포함하고 있는 삼위일체의 마음이다. 그래서 사람은 하늘과 땅을 떠날 수 없다는 말이다. 이런 사람을 위해 원圓의 하늘은 정신세계를 창조하고, 방方의 땅은 물질세계를 풍요롭게 만들어 주었다. 이에 각角의 인류는 원圓과 방方을 주체적으로 수용하여 무한의 의식세계를 재창조해 나가는 존재라고 보는 것이다.

유적에 나타난 원방각과 천원지방

원방각은 고조선 이전부터 인류의 원형 의식으로 형성됐다. 대표적으로 북방의 홍산문화는 인류의 원형의식이 형성되어 투영된 문화로 볼 수 있다.

원형의 옥환   방형의 옥벽   각형의 곰형기

홍산문화 우하량 유적에는 각종 옥기들이 나타난다. 그리고 이 옥기들에서 원방각의 형상들이 보인다.

홍산문화 나사대유적에서 출토된 석조상(원각방형)

홍산문화 유적지인 내몽고 파림우기의 나사대 유적에서도 원방각이 등장했다. 1980년에 출토된 사람 석조상에서다. 흑색암석으로 조각된 이 석조상의 머리 꼭대기에는 3층 상륜相輪(바퀴같은)식 장식이 있고 꼭대기 부분은 평평하다. 즉 3륜輪이 곧 3원圓이다. 눈과 눈썹은 아래로 내리 처졌으며, 얼굴은 삼각형을 아래 위로 합한 마름모형에 가깝다. 몸통은 사각형이다.

이 조각은 코가 비교적 크고 콧구멍이 없으며 입 부분은 뚜렷한 조각 흔적이 없다. 아래턱은 비교적 크고 약간 앞으로 나왔다. 두 팔은 구부려 가슴 앞에서 합장 자세를 하였다. 허리 부분은 비교적 가늘고 두 다리는 꿇은 자세로 엉덩이 아래에 놓였다. 이 석조상은 원방각의 결합형이면서 상단의 머리에는 둥근 원을 세 개 올려놓은 것이 특징이다. 위로부터 원-각-방의 순서이다. 특히 세 겹의 원圓은 홍산문화 우하량유적에서 나온 삼단의 원형 천제단을 연상시킨다.

홍산문화 우하량유적지 제천단(현재)

홍산문화 우하량유적지 제천단(복원 가상도)

    실제로 홍산문화^{紅山文化} 우하량 유적지 자체는 원과 방의 형식으로 꾸며져 있다. 이곳의 3단의 원형 제단은 천원^{天圓}을 상징하는 제천단이다. 가장 큰 원의 길이는 22m에 달한다. 제천단 바로 옆의 네모진 적석총은 지방^{地方}으로서 천원과 짝을 이룬다. 곧 '천원지방^{天圓地方}(하늘은 둥글고 땅은 방정하다)'이라는 우주관을 나타낸다. 원방각 중 나머지 빠진 '각'은 천원과 지방 사이의 사람을 의미하기 때문에 굳이 표현하지 않은 것이라고 볼 수 있다.

    홍산문화는 신시의 환웅 시기에 해당하는데, 이 문화권에서는 점점 독자적인 민족의식을 갖추게 되었을 것이다. 고조선 건국과 그 이후는 원형문화 의식이 점진적인 변형을 거치며 독자적인 민족의식이 형성된 시기였다고 본다.

고조선 이전	고조선 이후
인류원형의식	민족의식
한민족	

고조선 시기에는 원방각이 보다 구체적으로 도형화됐다. 고조선의 다뉴세문경多鈕細紋鏡이 대표적이다.

다뉴세문경 또는 정문경精文鏡은 이름 그대로 정밀한 잔줄무늬 청동거울(잔무늬거울)이다. 잔무늬거울은 원방각의 총아로서 인류과학사에서 보기 드문 위대한 청동 작품이다. 다뉴세문경은 우리나라 고유의 청동기문화를 상징한다. 앞면은 거울의 기능을 하고, 뒷면에는 두 개 이상의 고리가 달렸으며, 나머지 공간에 정교한 집선문集線文을 새긴 것이 특징이다. 다뉴세문경은 1만3300개의 미세한 선들로 만들어진 것으로, 현대의 나노과학에 비유된다.

우리나라에서는 논산에서 처음 발견되어 국보로 지정되었고, 그 후 화순, 예산 등지에서 발견되어 30여 점이 있으며, 일본의 요시노가리 유적에서도 10여 점이 발굴된 바 있다. '요시노가리, 일본속의 고대 한국', 이는 일본 속의 한국문화를 잘 말해주고 있다.

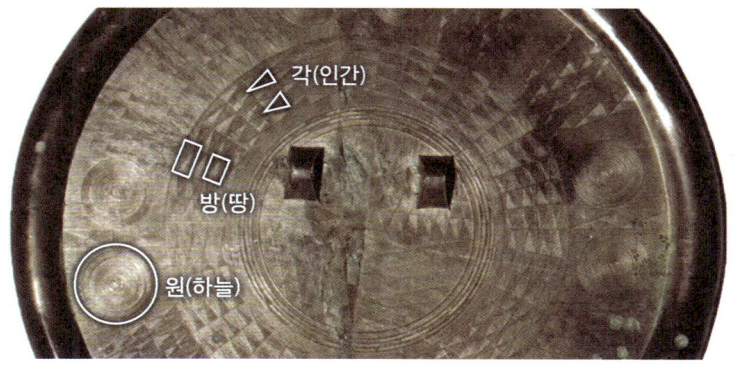

원방각이 조화를 이룬 다뉴세문경 숭실대기독교박물관

또 시대를 내려오면서 천원天圓과 지방地方을 상징하는 유적지도 적잖게 등장했다. 단군께 제를 지냈던 강화도 마니산의 참성단은 천원지방 형식으로 조성돼 있다. 아래는 원형이고 위의 제단은 방형인 상방하원上方下圓이다.

태백산 천제단(천왕단)도 밖은 원형이고, 안의 제단은 방형이다. 또 태백산 정상에는 원형의 천왕단 외에 방형의 제단(하단), 삼각형의 제단(장군단)이 별도로 있다. 태백산에는 천지인 원방각 삼제단이 모두 있는 곳이다.

이밖에도 최근 발굴된 가야伽倻 연조리 고분군 1호분의 제단 터도 역시 천원지방이다. 이는 가야가 국가로서 제천 의식을 집행했음을 뜻한다. 이 제단 터는 특별히 아래는 둥글고 위는 네모졌다고 하여 내방외원內方外圓 또는 상방하원上方下圓이라고도 한다. 이 상방하원 사이에 인중人中이 있다.

강화도 참성단 강화군청

태백산 천왕단

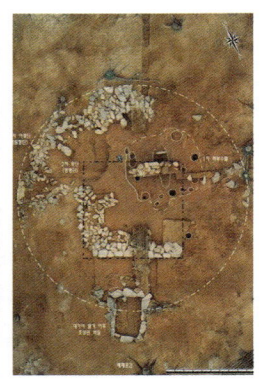
천원지방을 한 가야 연조리의 제단 터(국가유산청 사진)

유물에도 원방각의 흔적을 찾아볼 수 있다. 대표적으로는 돈황 막고굴407굴의 신선벽화에도 원방각이 등장한다. 세계 여기저기에 유사한 문양이 퍼져 있다. 거창박물관에는 삼원을 삼각형으로 나열한 방울잔이 있다. 몸체의 위,

아래에는 방울을 서로 매단 문양을 새겼는데 추상적인 문양으로 가야 토기의 일반적인 형태와는 사뭇 다르다. 대가야 계열의 거창고분에서 출토되었다.

돈황 막고굴(407굴)의 신선벽화의 원방각

방울잔 토기(거창박물관)

이처럼 국내외에 산재한 원방각으로 보면 한국인은 원방각이라는 인류의 원형 의식과 민족의식을 함께 지닌 유일한 민족이라고 할 수 있다. 인류원형의식과 민족의식이 중첩된 한국인의 의식은 인류의 보배이다. 아직도 한국에는 '나'라는 민족적 자의식과 '우리'라는 인류원형의식이 공존하고 있는 것이 그것을 말해준다.

민족과 나라를 지킨 원방각

대종교 교기

대일항쟁기에 등장한 민족종교는 원방각을 상징물로 삼았다. 대종교의 교기는 원방각이다. 1은 곧 3이요. 3은 다시 1로 돌아간다. 성품은 ○이요, 목숨은 □이요, 정기는 △이다. 원, 방, 각을 온갖 우주의 형상과 진리의 근원으로 본다.

원은 일一이 되어 무극이고
방은 이二가 되어 반극이며
각은 삼三이 되어 태극이라.

천도교와 수운교는 원圓과 방方을 중심으로 그린 궁을기ㄹㄹ旗를 교기로 쓰고 있다. 천도교의 궁을기는 세로로 그은 직선에 의해 이등분된다. 왼쪽 깃대 쪽은 하얗고 바깥쪽은 빨갛다. 그 직사각형 한가운데에 둥근 도형이 자리잡고 있는데 이것은 자연히 태극문양이 된다.

수운교의 궁을기는 노란색 바탕에 검은색으로 굵은 궁을ㄹㄹ을 형상해 그렸다. 안의 궁을은 호로병 같고, 물항아리 같기도 하지만 그 형상이 하늘에서 두 줄기 빛이 내려오는 것 같다.

이들 종교는 실제로 독립운동 전면에 나서기도 했다. 대종교는 일제 침탈기에 대일 무력 항쟁의 선두에 서서 민족을 지켰다. 천도교는 3·1운동의 중심에 서서 민족의 독립과 국권 회복에 나섰다.

이때 위기에 처한 우리 민족을 하나로 뭉치게 하고 구한 것이 바로 원방각이라고 할 수 있다. 원방각은 그냥 연필로 그린 도형이 아니다. 하늘의 혼이 서려 있고, 민족의 한이 배어 있다. 민족과 운명을 같이 하였기에 원방각이 위대한 것이다.

실제로 제국주의 침탈기의 식민지 국가 중에서 임시정부를 세워 독립을 쟁취한 나라는 오직 대한민국 밖에 없다. 1943년 11월 미국, 영국, 중국이 모인 카이로회담에서 '한국민의 독립을 결의한다'라는 선언문이 나왔다. 한 나라의 독립을 국제회담에서 선언한 것도 한국이 처음이다. 줄기차게 전개된 독립항쟁의 결과였다.

한국이라는 이름이 국제무대에 처음으로 등장한 것이 바로 1943년이다.

그로부터 60여 년 뒤 한국이라는 이름은 한류^{韓流}라는 전혀 다른 이름으로 세계를 선도하고 있다. 한류라는 이름, 그리고 한국이라는 이름이 국제무대에서 떳떳한 것은 우리 스스로 민족을 지켜냈기 때문이다. 그 중심에 종교가 있었고, 민족혼이 있었다. 국권을 빼앗긴 지도력의 빈자리를 민족종교가 대신했다. 그리고 민족종교가 기치로 삼은 것이 원방각이었다.

만약 일제 강점기에 우리 민족이 일제에 굴종하며 살았다면 지금 세계인들로부터 박수를 받을 수 있었을까? 아니 박수를 받을 자격이 있을까?

| 3장 | 민속 문화에 등장하는 원방각

원을 상징하는 강강술래

이제부터는 원방각이 숨겨져 있는 전통놀이에 대해 알아보자. 원을 상징하는 민속놀이로는 강강수월래(또는 강강술래)가 있다. 빙빙 도는 강강수월래는 원만하고 평화로움을 상징한다. 원만하다는 것은 갈등이 해소되었다는 뜻이다. 민속에서 해마다 강강수월래를 하는 이유가 여기에 있다.

강강술래는 임진왜란이 끝난 후 본격적으로 알려졌다. 특히 임진왜란 당시 적군을 격퇴했던 해남, 진도, 완도를 비롯하여 무안, 영광 등 전라도 서남 해안 지방에서 여성들의 놀이로 큰 인기를 끌었다. 임진왜란 이전까지만 해도 음력 8월 15일 추석날 밤에만 즐기던 강강술래는 2~3일씩 지속될 정도로 성황을 이루었다. 이처럼 생활 속에서 탄생한 민속놀이 중에 오랜 역사성을 지닌 놀이가 강강술래이다.

'삼국지^{三國志}' 내용 중 한전^{韓傳}에 마한 지방의 군취가무^{群聚歌舞}(무리지어 노래하고 춤을 춤)에 대해 나온다. 이는 2000년 전의 일이다. 강강술래의 근원이 될만한 기사라고 본다.

"해마다 5월이면 씨뿌리기를 마치고 귀신에게 제사를 지낸다. 떼를 지어 모여서 노래와 춤을 즐기며 술 마시고 노는데 밤낮을 가리지 않는다. 그들의 춤은 수십명이 모두 일어나서 뒤를 따라가며 땅을 밟고 구부렸다 치켜들었다 하면서 손과 발로 서로 장단을 맞추는데, 그 가락과 율동은 (중국의) 탁무鐸舞와 흡사하다. 10월에 농사일을 마치고 나서도 이렇게 한다." 常以五月下種訖, 祭鬼神, 羣聚歌舞, 飮酒晝夜無休. 其舞, 數十人俱起相隨, 踏地低昻, 手足相應, 節奏有似鐸舞. 十月農功畢, 亦復如之 ― '삼국지-위서' 동이전-한

여기서 연일 음주를 했다는 말은 제사의 일부로 진행되었다고 이해해야 한다. 동쪽 하늘에 휘영청 커다란 보름달이 뜨면 동네 아낙들은 서로 손을 잡고 둥근 원을 만들며 강강술래를 돌았다. 이렇게 서로 손에 손을 잡고 돌면서 추는 춤을 원무圓舞라고 한다. 이는 우리나라 춤 가운데서 유일하게 손을 잡고 추는 집단무용이다.

둥근 원을 만들어 나가면서 부르는 소리의 후렴에 '강~강~술~래'가 들어가기 때문에 그 이름에 유래하여 '강강술래'라 하였다. 소리는 목청이 좋은 사람이 가장 앞에 서서 시작하거나 아예 중간에 서서 먼저 시작했다. 그러면 나머지 사람들이 원을 그리며 돌면서 후렴구인 강강술래를 따라 했다. 고을마다 소리의 내용은 달랐지만 리듬은 비슷했다. 이동주 시인은 "뛰자 뛰자 뛰어나 보자 강강술래"라고 노래하고, 술래를 '수우워얼래'라고 표현했다.

강강술래는 오랫동안 생활 속에서 자연 발생적으로 탄생하여 다듬어진 까닭에 소리와 춤이 각 지역마다 특색이 있다. 농촌 지역에서는 농사와 연관

된 풍요를 기원하는 노래를 불렀고, 어촌이나 섬에서는 고기를 잡거나 고기를 엮는 일과 연관된 소리가 많았다. 강강술래의 가사가 각각 살아가는 환경과 밀접한 연관을 가졌다는 것을 알 수 있다.

각 고을마다 독특한 강강술래가 있었던 만큼 종류도 다양하다. 강강술래 놀이에서 아낙네들은 '한바탕 뛰자'라고 한다. 이렇게 원무를 추다가 흥이 나면 중간에 다른 놀이들이 삽입된다. 기와밟기, 꼬리따기, 남생이놀이, 덕석말이, 문지기놀이, 실바늘꿰기, 처고사리꺾기, 청어엮기, 가마등타기 등이 추가된다. 노랫소리와 원을 그리며 추는 춤의 빠르기에 따라서 늦은강강술래, 중간강강술래, 잦은강강술래로 분류한다. 다음은 노래의 한 구절이다. 각시는 '아내'를 달리 부르는 말, 또는 갓 결혼한 '새색시'를 의미한다.

> 술래술래 강강술래 강강술래
> 술래좋다 강강술래 강강술래
> 달떠온다 달떠온다 강강술래
> 동해동창 달떠온다 강강술래
> 팔월이라 한가위날 강강술래
> 술래술래 강강술래 강강술래
> 각시님네 놀음이라 강강술래

오늘날 우리는 강강술래를 모르고 산다. 강강술래보다도 더 재미있는 놀이가 많기 때문일 것이다. 그래서일까, 갈등과 상처는 해소되지 않고 혐오의 시대에 살고 있다고 해도 과언이 아니다. 짐금 필요한 것이 원圓의 정신이다. 이처럼 원융무애한 원의 정신으로 돌아가게 하는 것이 강강술래이다.

네모를 상징하는 땅따먹기

네모와 관련 있는 우리 전통놀이에는 무엇이 있을까?

땅따먹기는 '땅재먹기' '땅뺏기'라고도 하며 전라북도에서는 '꼭꼬락(둥근 돌치기)', 제주도에서는 '뽐을 땅'이라고도 한다. 두 명 이상의 소녀 또는 소년들이 하는 놀이로, 전국적으로 분포되어 있는 야외놀이이다.

놀이 방법은 지역에 따라 조금씩 차이가 있으나 보편적으로는 다음과 같은 규칙으로 진행된다. 지면에 네모 또는 원을 지름 1~2m 정도의 크기로 그려놓아 경계를 정해놓고 그 안에서 각각 자기 뼘으로 반원을 그려 자기 집을 정한다. 그러나 땅따먹기라는 취지에서 보면 네모를 그리는 것이 수월하여 보통 네모 형태로 그려진다. 그런 의미에서 '네모 땅따먹기'라고 할 수 있다.

먼저 가위 바위 보를 하여 이긴 순서대로 공격을 하는데, 이때 지름 1~2cm 정도의 둥글 납작한 돌이나 사금파리를 구한다. 이를 '말馬'이라고 하는데, 이를 가지고 '엄지손가락'으로 세 번 튕겨서 자기 집으로 되돌아오면 세 번 말이 지나간 자국을 선으로 표시하고 그 선線 안이 자기 땅이 된다.

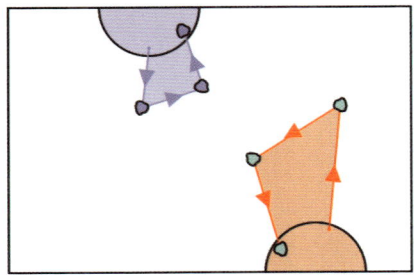

땅따먹기

너무 세게 튕겨서 자기 집으로 되돌아오지 못하거나 경계선 밖으로 말이 나가면 공격권을 상대방에게 넘겨주게 된다. 이것을 반복하여 땅을 많이 차지하는 사람이 이기는 것이다. 이때 공격하는 편이 실수할 때까지 계속 반복하여 땅을 따는 경우도 있고, 한번 집으로 돌아오면 자동적으로 상대방에게 공격권이 넘어가는 경우도 있다. 여기서 놀이를 통해 정직과 공평의 정신을 배운다.

원방각이 모두 담긴 오징어 놀이

　원방각이 모두 담긴 결합형 놀이도 있다. 이는 '오징어 놀이'로 이른바 '오징어게임'이라는 드라마 이름으로 세상에 널리 알려지기도 했다.

　황동혁 감독이 연출한 드라마 '오징어게임'은 2021년 9월 17일 OTT 플랫폼 넷플릭스를 통해 공개된 한국 드라마로 시즌 2까지 방영됐다. 이는 '데스게임'이라는 보편적 소재에 뽑기·오징어 게임·구슬놀이 등 한국적인 요소를 가미한 작품으로, 넷플릭스 드라마 부문 세계 1위를 기록하며 큰 인기를 누렸고, K-드라마의 역사를 새롭게 쓰는 데 크게 공헌했다. 드라마는 456억 원의 상금이 걸린 의문의 서바이벌에 참가한 사람들이 최후의 승자가 되기 위해 목숨을 걸고 극한의 게임에 도전하는 이야기를 담고 있다. 특히 '무궁화꽃이 피었습니다' 놀이는 강렬한 인상을 남겼다.

드라마 오징어게임에 등장한 원방각

본래 민속놀이의 하나인 한국의 '오징어 놀이'는 놀이판의 그림이 오징어와 닮았다고 하여 붙여진 이름이다. 지역에 따라서는 '오징어 가이샹' 또는 '오징어 따까리'라고 하는데 놀이 그림 안에 동그라미(원)와 세모(각), 네모(방)가 모두 그려져 있는 점이 특징이다.

드라마 오징어게임에도 원·방·각이 등장한다. 그 순서가 원→방→각의 차례로 나온다. 하늘→땅→사람의 순서다. 드라마 '오징어게임'의 기본이 된 한국의 오징어 놀이를 알아보고자 한다. 역시 원→각→방의 차례이다.

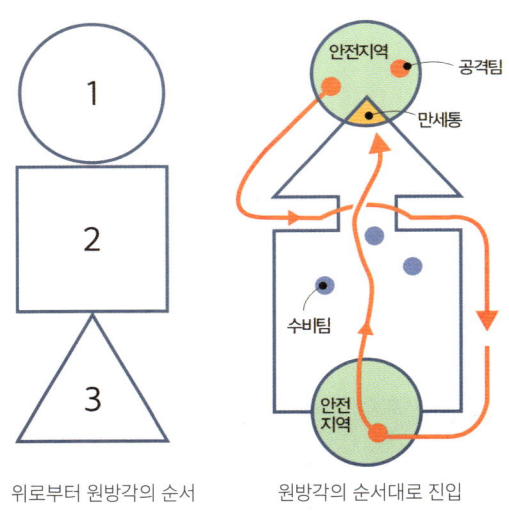

위로부터 원방각의 순서   원방각의 순서대로 진입

기본 놀이판의 모양은 위 그림과 같다. 오징어놀이(魷魚遊戱우어유희)는 놀이판의 그림이 오징어와 닮았다 하여 붙여진 이름으로, 실제 놀이판에서는 동그라미와 세모, 네모를 그린다. 주로 넓고 평평한 마당에서 많이 하던 놀이다. 오징어놀이의 목표는 공격자들이 수비자들을 제치고 '만세통'(보물)을 차지하는 것이다. 팀의 균형이 먼저 깨지는 쪽이 지는 것으로, 상대방의 힘을 무너뜨리는 것이 중요하다. 놀이 순서는 다음과 같다.

  1. 먼저 같은 인원을 두 편으로 나눈다.

  2. 가위바위보로 공격과 수비를 정한다.

(가위는 보를 이기고, 보는 바위를 이기며, 바위는 가위를 이긴다. 이기는 자가 선택을 갖는다.)

  3. 공격하는 편은 그림의 제일 위쪽에 있는 집에, 수비하는 편은 아래 쪽 오징어의 몸통에 각각 들어가 자기 집을 지키는 입장이 된다.

  4. 공격하는 편은 원이 자기 집이 되고, 수비하는 편은 네모가 자기 집이 된다. 공격 편은 처음에 자기 집에서 깨금질로 나와 중간에 있는 좁은 강을 건너야 한다.

  5. 세모와 네모 사이에 있는 중간의 강 다리를 건너는 것이 중요하다. 반면에 수비하는 편은 이 강을 건너지 못하도록 막아내야 한다. 이것이 1차 공격과 방어이다.

  6. 이 다리를 무사히 넘어가면 공격자는 양발로 다닐 수 있다. 반면에 수비자는 공격자가 다리를 건너지 못하게 막거나 넘어뜨려야 유리하다. 공격자는 양발이 되면 편하게 다닐 수 있을 뿐 아니라 수비 편과 겨룰 때도 유리하다.

  7. 이때 수비자는 몸통 안에서는 양발을 다 쓰지만, 몸통 밖으로 나오면 깨금질을 하여야 한다.

  8. 누구든지 죽으면 놀이판 밖으로 나가 놀이가 끝날 때까지 기다려야 한다.

  9. 놀이가 끝나면 공격과 수비가 교체된다.

  10. 다음과 같은 경우 놀이에서 '죽는다'라고 말한다. '죽는다'라는 말은 실격失格 당하여 제외된다는 뜻이다. 공격자와 수비자 다 같이 적용된다.

  ① 금을 밟은 경우

  ② 깨금발 상태에서 다른 발이 땅에 닿은 경우

③ 두 발인 경우 넘어져 손이 땅에 닿는 경우

④ 금을 사이에 두고 상대 영역으로 끌려 들어오거나 끌려 나가는 경우

11. 만약 공격 편이 수비 편을 모두 실격시키거나, 공격 편 중 한 사람이라도 만세통을 밟으면 공격 편이 이긴다. 그러면 계속 공격한다. 그러나 수비 편이 공격 편 모두를 실격시키면 수비 편이 이겨 다음 판에는 공격을 하게 된다. 새로운 판이 시작될 때는 놀이 과정에서 죽었던 사람이 다시 살아난다.

여기서 죽는다(실격)는 표현이 조금은 거칠어 보이지만, 밀고 당기고 부딪치는 등 과격한 양상을 보이는 팀 간의 경쟁에서 나온 말로 보인다. 이 공격과 수비의 경쟁은 그 자체가 전쟁의 축소판이었다. 더 묘한 것은 죽었던 사람이 살아난다는 점이다. 판이 바뀔 때마다 죽었던 자가 부활하여 다시 놀이에 참여한다는 점이 한국 놀이의 특징이다.

사실 오징어 놀이는 공동체놀이이다. 우리 민속놀이의 특징은 공동체를 학습하는 것이다. 내가 위기에 몰렸을 때 우리 편이 와서 도와주고, 마찬가지로 자기 편이 위험에 처했을 때 내가 가서 도와주고 구해주는 과정에서 서로의 존재를 확인하게 된다. 생사의 간접체험이다. 자기 존재를 확인하는 곳이 곧 공동체이다. 작은 단위의 공동체에서 큰 단위의 공동체에 이르기까지 공동체의 가치는 동일하다. 놀이는 공동체에 대한 소속감을 분명하게 인식시켜 준다.

또한 오징어 놀이는 위는 하늘, 아래는 땅으로 구분할 수 있다. 하늘에서 내려와 땅으로 들어가기 위해서는 강을 건너야 자격이 주어진다. 깨금발은 외발걸이로, 하늘 걸음의 모습이다. 두발 걸음은 땅의 걸음 방법이다.

오징어 놀이는 원圓의 집에서 나오면서 시작한다. 원의 집에서 나와 강을 건너 상대방 네모 집에 들어가서 세모의 만세통에 도착하는 과정은 정자와 난자의 만남의 과정과도 같아 생명의 탄생을 연상시킨다. 원의 집은 하늘이

니 남자의 정소^{精巢고환testis}에서 정자가 밖으로 나오는 것과 같고, 강을 건너는 것은 튼실한 정자만 통과시키는 생명의 원리와 같다.

놀이에서 네모 집은 여자의 집과 같다. 20~25개 정도의 난자가 난소에서 기다리고 있다가 그중 1마리 난자가 최종적으로 선발되어 배란이 된다. 성공한 1마리 정자 외에는 그 자리에서 다 죽게 된다. 정자가 난자를 만날 때까지는 정자가 주도하지만, 난자가 정자와 결합한 이후에는 난자가 생명 잉태를 주도해 간다.

세모의 만세통을 밟는 것은 정자가 난자를 만나 결합에 성공했다는 것에 비유된다. 결합에 성공해야 한 생명이 태어나는 것이다. 새 생명의 탄생을 세모의 사람으로 표시했다. 특히 만세통(보물)은 세모의 집에 들어있다. 그런데 그 세모는 동그라미 안에 들어가 있어야 한다. 그래야 원방각이 떨어지지 않고 하나가 된다. 마치 과학에서 말하는 통일장^{統一場} 같은 것이다. 오징어 놀이의 핵심은 이 통일장을 만드는 것이다. 원방각은 서로 떨어질 수 없다는 뜻이다. 하나의 큰 공동체를 상징하는 통일장 놀이이다.

이처럼 오징어 놀이는 원방각이 하나가 되는 것을 구현하고 있다. 이는 현대과학의 '통일장 이론'과도 맞닿아 있다. 그리고 이 원방각을 설명할 수 있는 유일무이한 문헌 자료가 바로 천부경이다.

고수레와 홍익인간

"하늘보고 땅보고 퉤!"라는 말이 있다. 퉤는 무엇을 나쁘게 뱉는 것처럼 알지만, 두 개가 서로 부딪치는 소리 같기도 하다. 사실은 무엇을 알리는 신호였다. 언어란 본래의 좋은 뜻이 세월이 지나면 비하^{卑下}하는 말로 와전되어 사용되는 경우가 많다. '계집', '놈' 등이 그것이다.

본래 "하늘보고 땅보고 퉤!"라는 이 말속에는 하늘, 땅에 대한 인간의 무한 신뢰를 함의하고 있다. 옛사람들이 천지자연과 함께 살아가고자 하는 표현이었다.

이것이 의식화된 것이 바로 고수레였다. 고수레는 흔히 '고시래'라고도 한다. 음식을 먹기 전에 먼저 조금 떼어 '고수레!' 라고 말하고 허공에 던지는 관습이다. 이는 일종의 민간신앙처럼 알려졌다.

고수레는 음식을 매개로 한다. 서로의 생명을 음식을 매개로 동일한 존재로 대한다. 사람끼리 음식을 나누는 것처럼 자연의 생명과도 '나눔 의식儀式'을 하는 것이다.

우리말에 십시일반十匙一飯이라고 했다. 한 숟가락 한 숟가락 모아 열 숟가락이 되면 밥 한 사발이 된다. 또는 동네에서 가까운 사람이나, 찾아온 손님에게도 음식을 나누어 준다. 주변을 굶지 않게 하는 행위를 일컫는다. 주변을 굶지 않게 하는 것이 이웃사랑이고, 홍익인간의 또 다른 표현이다.

인간이 아닌 대상에게도 인간이 음식을 나누어주는 행위가 시작된 것은 의식의 획기적 진보다. 고수레는 욕심을 더는 '덞 의식'인 것이다. 또한 단시간에 어디서나 누구나 간편하게 할 수 있는 행위이다.

고수레는 대자연을 사랑하는 열린 마음의 표현이다. 모든 것에 감사하고, 하찮은 동식물이나 무생물까지도 인격체로 대하는 생명 존중의 마음이다. 모든 생명에 대한 감사의 마음이다. 홍익인간의 의식이 확장된 것이다.

하늘 보고 침을 뱉으면 자기에게 되돌아온다고 가르친다. 사람의 모든 행위는 결국에 다시 자기에게로 되돌아오는 법이다. 상대방이 남이 아니기 때문이다. 자연에 고수레를 하면 그 복이 자기에게 되돌아온다. 나눔, 덞, 감사의식은 홍익인간의 참모습이다.

이 고수레의 유래는 '고시래'로 고조선 시대의 '고시高矢'와 연관이 있다고도 한다. 단군 때에 농사와 가축을 관장하던 분에 고시가 있었는데, 훗날 그가 죽은 후에도 음식을 먹을 때는 그에게 먼저 음식을 바친 뒤에 먹게 된 데서 유래한다고 전한다. 또 다른 의미로 보면, 고시가 농사를 관장하면서 음식 나누는 미풍양속을 전해 준 것인지도 모른다.

고시레의 연원이 되는 고조선은 단군檀君이 세운 나라 이름이다. 그래서 '단군조선'이라고도 한다. 이 조선이 건국된 해는 BC 2333년으로 지금으로부터 4358년 전이다.

한국인의 조상들은 고조선이라는 나라를 세우면서 무슨 생각을 했을까? 이전 환웅시대부터 내려온 '홍익인간'의 부활 혹은 계승이 아닐까? 홍익인간은 '하늘과 땅과 사람은 하나'라는 천지인합일天地人合一 사상에서 나온 것으로 유추할 수 있다. 하늘과 땅과 사람이 함께 하는 우주 의식이 곧 홍익인간이고, 원방각의 정신인 것이다.

이를 세상에서 실천하며 다스리는 행위를 '재세이화在世理化'라고 한다. 바로 고수레의 정신이기도 하다.

홍익인간을 실천하는 행위인 고수레는 우리 말의 '다사리'라는 말과도 통한다. 이 말은 '다사리어'(모두 다 말씀하게 하여)와 '다살린다'(모든 사람을 다 살게 한다)의 뜻을 가진 것으로 해석된다. 웃어른에게 말씀을 올리는 것을 '사뢰다'라고 했다. 민세 안재홍[1]이 이 '다사리'에 주목하여 '다사리국가'를 이상적인 국가로 제시했다.

다사리는 '모두 다 말하게 하여'의 뜻으로 만민총언, 만민공화를 가리키며, 결국 '다 말하다', '다 살리다'라는 것을 의미한다.

멕시코 원주민(동이족의 일파인 맥이족)이 사용한 말로는 '다다살리tlatlazali'가 있다. 배재대 교수 손성태는 이를 '모두 함께 살자'라는 뜻이라고 해석하

---

[1] 안재홍(安在鴻 1891~1965): 독립유공자, 정치가, 언론인, 역사가다. 대일항쟁기에 국내에서 활동한 민족주의자로 신간회 창립에 간여했다. 광복 후 여운형, 김규식 등과 함께 좌우합작운동에 참여했다. 한국 전쟁 중 납북됐다. 저서로 '조선상고사감'이 있다.

멕시코 원주민의 고수레 풍습 (손성태 '우리 민족의 대이동')

고 있다. 이 말은 현지인들이 우리와 같은 고수레 풍습에서 나온 것이라고 밝혔다.

다다살리는 자연히 홍익인간과 겹친다. 홍익인간의 뜻을 '한자대사전'에서 살펴보자.

홍 弘 : 활소리, 크다, 넓다, 광대하다, 넓히다, 확대하다, 너그럽다 등

²弘	᠈	甲文	᠈	甲文	᠈	金文	弘	小篆
	前5·15·1		鐵159·1		毛公鼎		說文·弓部	

홍 登 ㉠ 《廣韻》 胡肱切 hóng

익 益 : 더하다, 보태다, 한걸음 나아가다, 확장하다, 확대하다, 넉넉하다, 많다, 돕다, 이익, 보탬, 유익하다, 진보되다, 주다, 하사하다, 더욱, 한층 더, 점차, 목이 메다, 가로막다, 가리다, 덮다, 물이 넘치다, 교만하다, 덮어 없애다 등

⁵益	᠈	甲文	᠈	甲文	᠈	金文	益	小篆
	鐵223·4		後下24·3		畢鮮盨		說文·皿部	

㊀ 익 昔 Ⓐ 《廣韻》 伊昔切 yì
㊁ 일 質 Ⓐ 《六書正譌》 弋質切 yì

인 人 : 사람, 어른, 남(다른 사람), 자기 자신, 보통사람, 속세, 성교하는 일, 짝, 씨 알맹이, 백성(인민), 사랑하다 등

간間 : 틈새, 빈틈, 기회, 사이에 두다, 차이, 간격, 섞다. 간첩, 엿보다, 살피다, 남몰래, 헐뜯다, 참여하다, 끼어들다, 소개하다, 범하다, 범위 안, 가운데, 동안, 잠시, 근래, 요사이, 검열하다 등

이처럼 홍弘은 '대야大也'라고 했고, 익益은 '더'할 익으로 요약할 수 있다. 익益의 용법도 다양하다. 익세益世는 '세상에 보탬을 준다'는 뜻이고, 익역도益易道는 정기를 증강하고 체질을 바꾸는 신선의 도를 말한다. 홍익弘益은 대大와 '더'로 곧 '대더'라고 음독과 훈독訓讀할 수 있다. 대大는 다多로부터 나왔기 때문에 '대더'는 다시 '다더'가 되고, 이는 '다다'와 멀지 않다.

멕시코 원주민의 말인 '다다살리'도 마찬가지다. '홍익인간弘益人間'에 가깝다. '널리 인간세상을 이롭게 하자'는 사상이나 '모두 함께 살자'는 '다다살리'의 개념과 다를 바가 없다.

단군檀君과 천지인

리지린은 '고조선연구'에서 단군의 단檀이나 단壇은 모두 '다'를 한자로 음사音寫한 것으로 보고 단군은 국왕으로서의 '단임금-다임금'이라는 색다른 해석을 제시한 바 있다.

'단檀'은 본래 '다'의 소리였고, '많다(多, 다)', '크다(大, 대)', '높다(高, 고)'의 뜻을 지닌 말로 점차 분화한 것으로 추정되고 있다.

아울러 '다'는 하늘과 땅의 뜻도 가지고 있었다. 우리나라 삼국시대에 천간天干을 '더가나/더하나/다가나/더하나'로 읽은 근거에서 하늘인 天천을 '더', '다'로 소리냈음을 확인할 수 있다. 또한 '다'는 '닫 달 다 따 땅'으로 변한 것에서 땅地의 뜻도 가지고 있다고 본다. 이처럼 '다'는 '하늘'과 '땅'을 뜻하다가 점차 새로운 의미를 획득하여 마침내 '왕'의 뜻을 지닌 말이 되었다. 하늘과 땅

도 큰 것이고, '왕'의 뜻도 큰 것이다.

노자에도 "道大, 天大, 地大, 王亦大"(도도 크고, 하늘도 크고, 땅도 크고, 왕-사람도 크다)라고 했고, 설문의 대大에서도 "天大, 地大, 人亦大 故大象人形"(하늘도 크고, 땅도 크고, 사람도 크다. 사람의 모양을 본뜬 것이다)이라고 했다. 왕王도 '다'의 소리가 나고, 인人도 '다' 소리가 나므로 두 책의 표현이 정확하다고 할 수 있다.

최남선은 '불함문화론'에서 단군壇君이란 텡그리^{Tengri} 또는 그 유어類語의 사음으로서, 원래 하늘을 의미하는 말에서 변전하여 하늘을 대표한다는 군사君師의 호칭이 된 말이라고 규정했다. 특히 군장君長의 이름에 하늘을 씌워 부른 것은 조선 고대문화의 특색의 하나라고 설명하고 있다. 탕그리와 텡그리와 비슷한 '대갈'은 곧 머리이며, 동시에 하늘이라 했다.

김규승은 '동이고사연구의 초점'에서 단군壇君의 단壇 자는 그 반음半音 '다'로 읽고, 군君 자는 마루宗의 '말'로 읽어 단군壇君의 고훈古訓은 하늘을 뜻하는 '다말'이 된다고 했다. 이때의 하늘은 태양의 인격적 표현에 가깝기 때문에 천신天神이라 할 수 있다.

최남선의 '대갈'(다갈)이나 김규승이 '다말'이 본래 '하늘' 또는 '천신'의 뜻이었다는 말은 '대'와 '다'가 하늘을 뜻하고, '갈'이 '대갈박'이라는 우리말에서 곧 머리임을 알 수 있으며, 다말의 '말'도 머리, 마리의 줄임말 '말'인 것에서 인격적인 천신天神을 상징한 것을 알 수 있다.

광주판 '천자문'^{1575년}에 '긔ᄌ' 왕王이라고 했고, '님굼' 군君이라고 했다. '긔ᄌ' 왕王이 '다 개皆'에서 나왔음을 분명히 알 수 있다. 이때 다 개皆는 본래 하늘의 해를 뜻하고, 또 사람을 뜻한다. 날씨가 '개'다고 할 때의 '개'는 해를 뜻하고, 아무'개'라고 할 때의 '개'는 사람이다. 해에서 사람의 왕으로 그 뜻이 옮긴 것이다. 상말로 '개자식'이란 속어도 사실은 해의 자식인 천손天孫을 의미한 말에 가깝다.

결국 천지^{天地}와 인^人과 왕^王의 소리는 모두 '다'로 통한다. 단군의 단이 '다'에서 파생되어 나온 말로 볼 때, 단군은 바로 천지인과 왕을 다 포괄하고 있다. 단군을 천군^{天君}에 이어 지군^{地君}, 왕군^{王君}, 인군^{人君}이라고도 할 수 있는 근거가 된다. 따라서 단군^{檀君}은 천지인^{天地人}을 다 아우르는 제왕^{帝王}의 상징이라고 할 수 있다.

윤내현은 '고조선연구'에서 고조선은 건국부터 붕괴될 때까지 왕이라는 칭호는 없고 최고 통치자를 단군이라고 불렀으며, 단군과 한^{韓,汗}은 함께 사용되었으나 단군이라는 칭호에는 신 또는 종교지도자의 의미가 강하고, '한'이라는 칭호에는 정치적 의미만 있었다고 보았다. 이를 통해 단군은 태왕^{太王}으로서의 천군이었음을 알 수 있다. 광개토태왕의 태왕^{太王}은 단군의 고구려식 표현이었음을 알 수 있다.

왕^王은 천하가 모두 돌아가는^{往=王} 곳이다. '설문^{說文}'에 의하면, 중국의 동중서^{董仲舒}는 옛날에 문자를 만든 사람이 세 번 획을 긋고 그 가운데를 이어서 왕이라 하였다. 세 획은 천지인이다. 이 셋을 관통하여 다스리는 자가 왕이다. 공자도 하나로써 세 가지를 관통하는 것이 왕이라고 했다.

이런 의미에서 왕다운 왕은 단군이고, 단군의 檀(다·단)의 '다'가 천지인의 관통자로서 왕호^{王號} 개념을 함의한 최초의 글자임을 알 수 있다. 일반의 왕^王자보다 더 포괄적인 의미를 함축하고 있는 말이 바로 단^檀이다.

흉노^{匈奴}조차도 천자^{天子}를 '탱리고도^{撑犁孤塗}'라고 고유한 방언을 썼다. 이런 차원에서 고조선 시기에 왕이라는 말을 쓰지 않은 것은 철저하게 고유어를 쓰는 원칙이 있었기 때문일 것이다. 신라의 '마립간'처럼 말이다.

흥미로운 건 홍익^{弘益} 역시 대더, 다더, 다다의 음가로 보면 천지^{天地}의 뜻을 담고 있다는 점이다. 단군은 인간 세상에서 우주적 '다다살리'(모두 함께 살자=홍익인간=천지인이 함께 사는 우주의식)를 구현하는 데 통치적 목적이 있었다고 할 것이다. 오늘날의 민주주의 가치와도 일치하는 면이 있다.

백범 김구는 1947년 '나의 소원'에서 이렇게 말했다.

> "진정한 세계의 평화가 우리나라에서, 우리나라로 말미암아서 세계에 실현되기를 원한다. 홍익인간弘益人間이라는 우리 국조國祖 단군檀君의 이상이 이것이라고 믿는다"

홍익인간(백범 김구 친필)

'25시'의 작가 루마니아의 게오르규 Constantin Virgil Gheorghiu는 1974년 내한하여 서울과 지방에서 몇 차례의 강연회와 좌담회를 가진 바 있다. 서구문명의 위기를 극복할 수 있는 정신을 동양에서 찾은 그는 한국을 '새 고향'이라고 부를 정도로 사랑하여 1974년 이래 5차례나 다시 방문했고, 한국찬가로 불리는 '25時를 넘어 아침의 나라로'를 출간하기도 했다. 그 책에서 단군의 법인 홍익인간을 이렇게 표현했다.

> "단군의 법은 결국 모든 종교나 철학의 이상적인 형태로 '최대한의 인간을 위한 최대한의 행복' 또는 '모든 인류를 위한 행복과 평화'이다."

홍익인간은 인간의 영성靈性이 발현하는 뿌리이다. 우리는 홍익인간이 있기에 무궁한 영성의 지혜를 발휘할 수 있다. 홍익인간은 우주 의식이고, 우주 의식에서 천지인이 나왔다. 한민족도 나왔다. 이런 홍익인간 사상이 그간 일제의 침략으로 단절되어 계승되지 못했고, 외래종교의 영향으로 소외 되기도 했다. 그러나 아무리 짓눌러도 홍익인간의 위대한 영성은 파괴되지 않았다. 이를 되살려 다시 꽃피우는 것이 오늘날 우리들의 소명이다.

5부
3·6·9와 우주의 질서

| 1장 | 테슬라 코드-우주의 열쇠

들어가기에 앞서

이제 원방각과 수리로 천부경을 본격적으로 해석해 보기로 한다.

여기서 제시하는 그림은 심당 이고선의 도해[1]와 한암당 이유립[2]의 도해[3]를 인용하였다. 그리고 특별히 테슬라의 369(삼륙구) 도해와 마르코 로댕의 각종 도해[4]를 인용하였다. 그 외는 저자가 직접 그렸다.

여기서 미리 언급할 것은 테슬라 369(삼륙구)는 나머지의 수 124875(일이사팔칠오)와의 관계에서 나온 수리 체계라는 점이다. 테슬라가 369를 발견했다면, 124875는 마르코 로댕이 발견한 것이다(이 둘은 서로 다르지만, 저자는 이를 '테슬라 코드'로 통칭하고자 한다). 이런 수리에 대한 기본적인 이해가 천부경의 수리체계를 이해하는 데 도움이 될 것이다.

테슬라 코드 369

발명가로서 에디슨 Thomas Alva Edison, 1847~1931과 쌍벽을 이룬 니콜라 테슬라 Nikola Tesla, 1856~1943는 역사상 가장 뛰어난 지성을 지닌 인물로 평가받고 있다. 그는 전기시대 electric age를 연 진정한 선구자였을 뿐만 아니라 우리의 상상을 초월하는 비밀과 신비를 지닌 인물이었다.

그가 발명한 대부분의 특허는 에디슨이나 웨스팅하우스의 이름으로 등록되어 그의 뛰어난 명성은 가려졌다. 그럼에도 불구하고 테슬라는 이타적인

---

1) 심당 이고선 '심당전서'(홍익대전)

2) 이유립(李裕岦 1907~1986): 호는 한암당. 대일항쟁기와 대한민국 시기의 유학자이자 역사학자다. 광복 이후 1963년 단단학회 부활 기관지인 '커발한'을 발간했다. 계연수가 편찬한 '환단고기' 전승 및 연구의 권위자로 '대배달민족사'(5권)를 간행했다.

3) 이유립 '대배달민족사' 3

4) https://consciousvortex.com/ , http://www.rexresearch.com/rodin/2-vbm.pdf

사람이었고, 자신의 아이디어가 다른 사람들에 의해 많이 활용되기를 바랐다. 그는 전 세계와 자신의 아이디어를 공유하려고 했던 것이다.

그 중 하나가 바로 'Tesla 369' 수 이론이다. 테슬라는 3, 6, 9라는 숫자의 중요성을 세상에 알리고자 했다. 그는 1에서 9까지의 수 중에서 369가 우주의 열쇠369 the KEY to the UNIVERSE라고 했다. 나머지 124875는 별개의 체계로 보았다. 테슬라에 대한 구체적인 문헌 기록은 미미하지만, 전해오는 그의 명언을 인용한다.[5]

> If you knew the magnificence of 3 6 and 9, you would have a key to the universe.
> 3, 6과 9의 웅장(장엄)함을 안다면 우주의 열쇠를 얻게 될 것이다.

이를 이해할 수 있는 도움말이 있다.

— 3, 6, 9는 물질을 형성하기 위해 힘(에너지/정보)이 나타나는 경로를 나타낸다.
— 다른 숫자 1, 2, 4, 8, 7, 5는 이미 나타난 물질의 성분ingredients of material을 나타낸다.
— 따라서 모든 물질의 구조는 3, 6, 9의 도관을 통해 받는 순서/패턴 힘에 따라 달라진다.

테슬라 수에서 369는 우리 눈에 보이지 않는다. 그래서 패턴이라 말하지

---

5) https://rootshunt.com/tesla369withreligion/tesla369withreligion.htm
https://consciousvortex.com/124875-2/

않는, 다른 차원의 숫자인 것이다. 필자는 테슬라에 의해 그 중요성이 부각된 '테슬라 코드' 369를 테슬라가 세운 과학적 가설假說로 본다.

테슬라는 369의 가장 기본인 3을 중요시했고, 3으로 나누어지는 숫자 numbers divisible by three를 좋아했다. 이는 1984년 '더타임즈'의 보도에 의해서도 확인된다.

"저녁을 먹으면서 정확히 18개의 냅킨 exactly 18 napkins을 사용하여 이미 반짝거리는 은색과 수정(접시들)을 닦곤 했다. 그는 세균에 대한 공포증을 가지고 있었으며, 또 3으로 나누어지는 숫자를 사랑했다."[1]

1984년 그의 사후 41년 만에 기록된 이 기사에서, 테슬라가 노벨상도 거부하고 결혼을 하지 않았다는 것도 확인됐다. 테슬라는 어느 블록의 건물에 들어가기 전에는 그 블록을 3번 돌았고, 호텔에 묵을 때도 3, 또는 3으로 나누어지는 호실을 택했다고도 한다. 이처럼 테슬라는 3과 3의 배수에 해당하는 숫자들에 매료돼 있었다.

어떤 이들은 테슬라가 강박장애를 앓고 있다고 했고, 또 다른 이들은 그가 미신을 믿는다고 비웃을 정도였다. 그러나 스티븐 바우어 Steven Bauer는 수학을 음악에 비유해 테슬라의 명언을 다음과 같이 말했다.

"만약 당신이 369의 웅장함을 알았다면 우주의 열쇠를 얻었을 것이다."

"만약 우주의 비밀을 찾고 싶다면 에너지, 주파수, 진동의 관점에서 생각하라는 테슬라의 말을 마음에 새긴다면 특별한 것을 밝힐 수 있을 것이다."[2]

---

1) "he would polish the already sparkling sliver and crystal using exactly 18 napkins. He had a phobia about germs and a love of numbers divisible by three." https://www.nytimes.com/1984/08/28/science/tesla-a-bizarre-genius-regains-aura-of-greatness.html (뉴욕타임즈)

2) Steven Bauer, Vortex Based Mathematics A Biblical Perspective, kalamazoo(michigan), 2021, p.71

숫자와 상징

테슬라가 언급한 숫자 3은 서양에서도 특별한 의미가 부여돼 있다. 이를테면 기독교의 삼위일체(성부, 성자, 성령)나 이집트의 대표적 세 신(하늘, 땅, 심연), 원자를 구성하는 세 가지 입자(양성자, 중성자, 전자) 등에서 보이듯 3은 종교, 신화, 과학 분야에서 중요한 숫자로 등장한다. 아래는 테슬라 코드 3,6,9에 대한 상징을 정리한 것이다.

'숫자 3' : 3은 창조의 기본 수. 3은 인체의 세 가지 주요 기관인 심장, 폐 및 뇌를 나타낸다. 몸, 마음, 영혼도 3이다. 3은 통일성, 완전성, 창조, 기초, 심지어 우주를 의미한다. 3의 법칙은 숫자의 힘과 효과를 강조하는 원리이다.

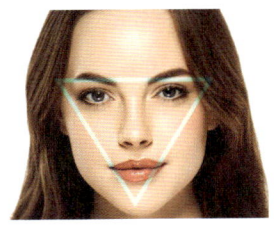

라틴어 원칙 'omne trium Perfectum'옴네 트리움 퍼펙텀'에 있는 것처럼 "3으로 이루어진 것은 모두 완벽하고 완전하다"고 말한다. 그래서 삼각형의 얼굴은 아름다움을 상징한다.[3]

'숫자 6' : 6은 3의 두 배, 두 배의 강력함이다.
'숫자 9' : 9는 절정, 3의 보석. 그 의미는 신성, 또 특이점, 전체의 시작점, 진공을 모두 나타낸다. 9는 모든 것을 나타내며 또 아무것도 나타내지 않는다. 다산多産, 창조의 상징인 '생명의 씨앗'을 보여주며 우주와 생명의 청사진 역할을 한다. 영혼에도 비유한다. 창조의 영혼일 것이다. 숫자 9는 완성을 상징하지만 최종은 아니다.

숫자 9는 절정, 세 가지의 보석, 세 번의 세 번, 하나님의 수학적 지문指紋이다. 이에 대한 마르코 로댕의 발언이 유명하다.

---

3) https://modernaesthetics.com/articles/2019-july-aug/omne-trium-perfectum

> "숫자 아홉은 암흑물질로 알려진 우주에서 사라진 입자이다."
>
> ─ 마르코 로댕

마르코 로댕은 '로댕의 코일Rodin's coil'이라는 개념과 '소용돌이 기반 수학vortex-based mathematics' 이론을 개발한 것으로 알려진 발명가이자 수학자이다. 그는 전자의 붕괴되지 않는 스핀spin의 근원을 발견한 것으로 유명하다. 그간 과학자들은 우주의 모든 전자가 회전한다는 것을 알고 있었지만 이 회전의 근원을 발견한 적은 없었는데 마르코 로댕에 의해서 밝혀졌다.

로댕은 우주의 기하학, 즉 시간의 구조 그 자체를 발견했다고 주장한다. 그는 모든 고등 수학(미적분학, 기하학, 스칼라 등)을 숫자 수학으로 압축시켜 설명했다. 에너지가 수학적으로 어떻게 표현되는지를 설명해주는 '소용돌이 기반 수학'이 바로 이것이다.[1] 그의 소용돌이 기반 수학은 10진법에서 발견되는 패턴을 중심으로 한 숫자 체계인데, 우주의 근본적인 구조는 1~9라는 숫자를 통해 드러난다고 주장했다. 그중 9는 우주 그 자체라고 강조했다.

피타고라스의 수

피타고라스 학파는 1을 모든 수의 생성원으로 여겼다. 또한 3은 최초의 진정한 홀수이고, 조화를 상징했다. 최초의 제곱수인 4는 정의와 복수를 상징했다. 최초의 여성수인 2와 남성수인 3의 합인 5는 결혼을 상징했다. 6은 창조의 수, 7은 경외의 대상이었다. 가장 신성한 수는 10, 즉 우주의 수를 상징했다.[2]

한편 피타고라스의 완전 삼각형은 테슬라가 말한 3-6-9의 신비의 근원이

---

[1] 소용돌이 기반 수학은 변칙이 없으며, 우주의 차원 형상과 기능을 토로이드 또는 도넛 모양의 블랙홀로 보여준다고 한다. [This math has no anomalies and shows the dimensional shape and function of the universe as being a toroid or donut-shaped black hole]. http://www.rexresearch.com/rodin/2-vbm.pdf

[2] 애머 액젤/신현용 '무한의 신비'

되었다. 이등변 삼각형은 세 내각의 크기가 각각 36°, 36°, 108°이다. 이때 36°는 3+6=9, 108°는 1+0+8=9, 36+36+108=180. 180도 결국 9로 귀결된다.[3]

369는 신성한 삼각형이며, 퇴화와 진화의 신성한 삼각형 Divine Triangle of Involution and Evolution이다.

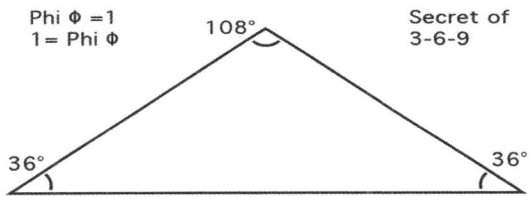

369와 달리 일반 사람들은 7을 행운의 수라하여 신성시 했다. 그런데 1÷7=0.142857142857이다. 여기에는 369만 빠졌다. 142857은 순서를 바꾸면 곧 124875이다.

1÷3=0.333333

1÷6=0.166666

1÷9=0.111111

3은 그대로 3이 되고, 6도 6이나, 9는 1이 된다.

테슬라가 발견한 자연계의 패턴

니콜라 테슬라가 숫자 3, 6, 9에 매료된 이유를 이해하려면 수학의 기본 원리에 대한 지식이 필요하다. 역사적으로 수학은 저명한 사상가나 철학자들이 수세기 동안 사용해온 가장 강력하고 필수적인 언어 중 하나였다. 숫

---

3) https://www.quora.com/Why-did-Tesla-say-that-3-6-and-9-was-the-key-to-the-universe

자나 수학은 모든 창조의 기원이며, 그것이 없으면 세상의 가장 작은 움직임도 설명하기가 불가능하다.

우리가 원하든 원치 않든 일상생활에서 수학은 절대적인 필요 요소다. 사람 뿐만 아니라 동물, 식물 및 곤충들도 생존을 위해 황금비율 및 기하학적 패턴과 같은 수학적 개념을 활용한다.

테슬라는 우주를 이해하는 방식이 보통 사람들과는 달랐다. 그는 우주가 단순한 물질이 아니라, 끊임없이 진동하고 공명하는 에너지의 장^{field}이라고 보았다. 그리고 이 에너지 장은 3,6,9라는 숫자로 근본적인 패턴을 이루고 있다고 했다.(뒤에서 설명하는 감산법이 적용된다. 133쪽 참조)

```
1+1=2
2+2=4
4+4=8
8+8=16    →   1+6=7
16+16=32  →   3+2=5
32+32=64  →   6+4=10   →   1+0=1
```

위의 숫자를 보자. 1부터 시작하여 두 배(1+1)하면 2가 되고, 다시 2를 두 배(2+2)하면 4가 된다. 이런 식으로 계속해 나아가 32를 두 배(32+32)하면 64가 나온다. 여기서 6과 4를 합하면 10이 나오고, 1과 0을 다시 합산하면 1이 된다. 이 패턴을 계속 따라가며 나온 숫자를 재배열하면 항상 1, 2, 4, 5, 7, 8이 반복된다.

위에서 언급한 숫자 중 3, 6, 9는 이 패턴에서는 나타나지 않는다. 그런데 3, 6, 9는 자체의 일정한 패턴을 유지하고 있다.

3의 배수: 3, 6, 9, 12(1+2=3), 15(1+5=6), 18(1+8=9), 21(2+1=3)
6의 배수: 6, 12(1+2=3), 18(1+8=9), 24(2+4=6), 30(3+0=3)
9의 배수: 9, 18(1+8=9), 27(2+7=9), 36(3+6=9), 45(4+5=9)

테슬라는 3, 6, 9의 패턴이야말로 우주가 작동하는 방식과 깊이 연결된 질서라고 주장했다. 3, 6, 9 패턴은 태풍, 은하, 조개껍질 등 자연계의 나선형 구조에서 나타나며, 피보나치 수열 비율에서도 반복적으로 나타난다. 특정 주파수에서 소리가 증폭되는 패턴 또한 3, 6, 9의 배수를 따라가는 것으로 확인된다.

테슬라는 3, 6, 9에 철학적인 의미를 부여했다. 모든 창조는 3으로 시작되고, 6을 통해 균형을 이루며, 9로 완성된다는 이론이다. 그리고 이러한 3, 6, 9는 밤과 낮, 4계절의 변화, 생명의 탄생 과 죽음 같은 순환적 패턴과 연결된다고 보았다. 이처럼 테슬라의 숫자 이론은 우리나라 천부경에서 제시하는 수 이론과 매우 관련이 깊음을 알 수 있다.

한편 테슬라의 369 코드는 124875로 발전하게 된다. 369를 제외한 나머지 124875는 일정한 패턴으로 무한 반복하는 수다. 테슬라 369 코드와 구분되는 124875의 6개 숫자는 후에 마르코 로댕에 의해 창안된 '소용돌이 수학 Vortex Based Mathematics, VBM'에서 핵심이론으로 적용되기도 한다. 이는 뒤에서 다시 살펴보기로 한다.

| 2장 | 천부경과 369

369로 해석하는 천부경

테슬라의 369에 대해 인지한 상태로 천부경의 본문을 다시 살펴보자.

> 일시무시일
> 一始無始一
> 하나 시작, 무無에서 비롯한 하나

여기에서 무는 비非존재가 아니라, 무형無形, 무명無名의 의미다. 인간이 감각으로 알 수 없는 불가시不可視이자, 초월적인 것을 말한다. 또 무는 자기를 점유하지 않는 빔虛, 또는 0영이다.

앞에서 설명한 대로 로렌스 크라우스가 말한 무Nothing는 생성의 관점에서 '빈 공간의 에너지 the energy of an empty space'라고 할 수 있다. 또 하나 시작 즉 일시一始는 무無가 무언가의 첫 번째 유有의 에너지로 변환한 것이다.

옛사람들은 둥근 하늘을 그림으로 그릴 때 원圓(○)으로 형상하였다. 이 하늘을 가장 작은 것으로 말할 때는 점點(·)으로 형상하였다. 하늘을 무한히 넓혀서 말할 때는 한 일一로 표현하였다. 더불어 짝할 자가 없기 때문에 한 일一이다.

'한'이라는 말 속에는 하나와 하늘의 의미가 들어 있다. 그런데 이 '한一'이 늘 '없음'의 무無와 함께 한다. '한'이 있어 '없음'이 있고, '없음'이 있기에 '한'이 있다. 이렇게 무無를 '없다'가 아니라, '없음'의 명사로 보면 그 뜻이 더 분명해진다. 이에 저자는 '일시무시일'을 순우리말로 옮긴 적이 있는데, '핟빈없빈핟'이 그것이다.

한一에 대한 해석은 사람마다 견해가 다르다. 전병훈은 태극의 一이라고 했고, 김영의는 도道라 했고, 김형탁은 생生, 신神, 영靈, 본심本心이라 했다. 이는 공통적으로 한一을 숫자 일一로 본 것이 아님을 알 수 있다.

한一이 현상계의 태극과 같다면, 무無는 무형계의 무극과 같다고 할 수 있다. 전병훈은 충막무짐沖漠無朕의 혼원한 일기一氣의 무시無始를 곧 무극無極이라 보았다. 충막무짐沖漠無朕이란 공허하고 광막하여 아무 조짐도 볼 수 없는 상태를 의미한다.

민세 안재홍은 일一은 하나이니 한, 즉 한울로서 수數의 시작이요 대세계의 천天이라 했다. 하늘은 하나밖에 없는 우주로서, 비어있는 허공虛空 즉 '비'라고 표현했다. 이二는 둘이니 둘은 즉 들이다. 허공에서 작은 입자들이 '몬' 즉 모음을 이루어 물질이 만들어지고, 땅地을 이루고 들野이 되었다. 삼三은 세 혹은 셋이니, 씨 혹은 씨앗 즉 종자種子이다. 이로 말미암아 생명이 생겨났다고 보았다. 즉 천天과 지地가 있은 다음에는 반드시 생명체가 잉태되어 길러져야 한다는 논리를 바탕으로, 일천一天과 이지二地 다음에 삼종三種, 즉 '서엇', '씨앗'을 배치했다. 씨앗을 인仁으로 본다면, 1천天, 2지地, 3인仁이 된다. 인仁은 곧 인人과 통한다.

천부경은 81자 중에 31자가 수數에 해당한다는 면에서 수학과 밀접한 관계가 있다고 본다. 서양 수학에는 피보나치 수열 Fibonacci sequence이라는 정리가 있다. 첫 번째 수는 0이고, 두 번째 수는 1이고, 그 이후의 수들은 바로 직전의 수와 그 앞의 수를 연이어 더한 수열을 말한다. 이를 공식으로 하면 $f_n = f_{n-1} + f_{n-2}$ 가 나온다.

'피보나치 수'를 차례로 적으면 다음과 같다.

0, 1, 1, 2, 3, 5, 8, 13, 21, 34, 55, 89, 144, 233, 377, 610…

이제 피보나치 수열을 음양의 수로 재배열해 보았다. 여기서 놀라운 규칙성을 발견할 수 있다.

음양양(0+1=1)→ 양양음(1+1=2) → 양음양(1+2=3)
음양양(2+3=5)→ 양양음(3+5=8) → 양음양(5+8=13)
음양양(8+13=21)→ 양양음(13+21=34)→ 양음양(21+34=55)

이를 통해 음양양→양양음→양음양이 반복함을 알 수 있다. 수는 음에서 시작하여 양으로 마친다는 것을 알 수 있으면서, 천부경의 첫 구절과 다음 구절을 통해서는 0→(1)→3의 원리를 발견할 수 있다. 모든 수는 음이 먼저 나오고 양이 나온다는 원리이다.

석삼극무진본
析三極無盡本
세 가지 지극한 것으로 나뉘어도 그 근본은 다함.

'빈 공간'의 에너지가 무언가의 유(有)의 에너지로 변환하는 데 있어서 극진히 다 하는 것이다. 로렌스 크라우스는 '유를 탄생시킨 무는 텅빈 공간이었다'[1]라고 했다.

1에서 3극이 나온 것이 아니라, 무에서 3극이 나온 것이다. 이것이 0→(1)→3의 구조이다. 0(영)이라는 빈 공간에서 3극이 나왔어도, 이로 인해 그 빈 공간

---

1) 로렌스 크라우스/박병철, '무로부터의 우주' 승산

이 변동이 생기는 것은 아니다.

> 천일일
> 天一一
> 지일이
> 地一二
> 인일삼
> 人一三
> 하늘은 하나를 얻어 첫 번째
> 땅은 하나를 얻어 두 번째
> 사람은 하나를 얻어 세 번째

이는 천지인의 동등성과 순차성을 함께 말한 것이다. 편저자는 천부경에서 3가지 숫자의 배열 원리를 밝혀 앞으로 논의할 테슬라 369의 이해를 돕고자 한다.

천부경에서 알 수 있는 숫자의 배열에는 두 가지 방법이 있다는 것을 밝힌다.

첫 번째 방법

> 天一一에서 하늘을 1로 보고 가는 배열(하늘수 배열)
> 地一二에서 땅을 2로 보고 가는 배열(땅수 배열)
> 人一三에서 사람을 3으로 보고 가는 배열(사람수 배열)

두 번째 방법

天一一처럼 1+1=2로 가는 배열(하늘수 배열)

地一二처럼 1+2=3으로 가는 배열(땅수 배열)

人一三처럼 1+3=4로 가는 배열(사람수 배열)

여기서 전자를 택하여 설명하려고 한다. 먼저 하늘을 1로 보고 가는 배열^{하늘수 배열}이다. 이 수를 구하기 위해서는 새로운 99단법을 알아야 한다.

새로운 99단법이란 9감산법을 말한다. 10이 넘는 수는 9감산법으로 9를 빼는 법이다. 16은 16-9=7이다. 또는 16을 1+6=7로 바로 구할 수 있다. 16은 16이 아니라 7이라는 새로운 값이 나온다. 천부경과 테슬라의 수리 연구에 중요하다. 우리가 초등학교 때 배운 구구단과 새로운 9감산법에 의한 값은 다음과 같다.

구분	1	2	3	4	5	6	7	8	9
				3차원 99단					
1	1	2	3	4	5	6	7	8	9
2	2	4	6	8	10	12	14	16	18
3	3	6	9	12	15	18	21	24	27
4	4	8	12	16	20	24	28	32	36
5	5	10	15	20	25	30	35	40	45
6	6	12	18	24	30	36	42	48	54
7	7	14	21	28	35	42	49	56	63
8	8	16	24	32	40	48	56	64	72
9	9	18	27	36	45	54	63	72	81

구분	1	2	3	4	5	6	7	8	9
4차원 디지털 99단(9감산)									
1	1	2	3	4	5	6	7	8	9
2	2	4	6	8	1	3	5	7	9
3	3	6	9	3	6	9	3	6	9
4	4	8	3	7	2	6	1	5	9
5	5	1	6	2	7	3	8	4	9
6	6	3	9	6	3	9	6	3	9
7	7	5	3	1	8	6	4	2	9
8	8	7	6	5	4	3	2	1	9
9	9	9	9	9	9	9	9	9	9

이 하단의 4차원 9감산법을 디지털 루트 DIGITAL ROOT라고 한다. 정수의 디지털 루트(반복된 디지털 합)는 숫자 합을 계산하기 위해 이전 반복의 결과를 사용하여 각 반복에서 숫자를 합산하는 반복 프로세스로 얻은 (한 자리) 값이다. 한 자리 숫자에 도달할 때까지 계속된다. 결국 모든 수는 9 이하의 값이 나온다.

디지털 루트를 바탕으로 하늘수, 땅수, 사람수를 배열하면 다음과 같다. 자기 수의 거듭 곱셈(2배수)으로 답을 구한다. 단, 10이 넘는 수는 디지털 루트에 9감산법으로 9를 빼어 정리한다.

天一 하늘수(1)

1→2→4→8→16→32→64→128→256→512→1024→2048 등이 나온다. 9감산법으로 다시 배열하면

1→2→4→8→7(1+6)→5(3+2)→1(6+4=10)→2(1+2+8=11)→4(2+5+6=13)→ 8(5+1+2=8)→7(1+0+2+4)→5(2+0+4+8=14)가 나온다.

이처럼 124 875가 반복된다. 이것이 하늘수의 두곱 회로의 결과이다.

地二 땅수(2)

2→4→8→16→32→64→128→256→512→1024→2048→4096 등이 나온다.

9감산법으로 다시 배열하면

2→4→8→7(1+6)→5(3+2)→1(6+4=10)→2(1+2+8=11)→4(2+5+6=13)→ 8(5+1+2=8)→7(1+0+2+4)→5(2+0+4+8=14)→1(4+0+9+6=19⇒10⇒1) 역시 248 751이 반복된다.

人三 사람수(3)

3→6→12→24→48→96→192 등이다.

이를 9감산법으로 다시 배열하면

3→6→3(1+2)→6(2+4)→3(4+8=12)→6(9+6=15)→3(1+9+2=12)이 나온다. 3과 6이 반복된다.

이처럼 천지수와는 달리 사람수는 36 36이 반복된다. 123의 배수에서 9의 값은 나오지 않는다. 9는 하늘수와 땅수의 각각의 합에서 비로소 9가 나온다. 1+2+4+8+7+5=27⇒9

사람수 3과 6의 합수도 9이다. 이것이 천부경의 대삼합륙과 연결될 수 있다. 대삼에 육을 합해 9가 나온다. 여기서 하늘수와 땅수가 같이 124875로 서로 중복되는 것을 알았다. 이를 구별하기 위해 124 875 중에서 양수로 시작한 124는 하늘수로 보고, 음수로 시작한 875는 땅수로 본다. 하늘수는 순수順數로 가고, 땅수는 역수逆數로 간다. 1→2→4는 순수이고, 8→7→5는 역수이다. 사람수는 36이 반복되며, 3+6=9이다. 3과 6 사이에 9가 숨어 있다.

따라서 순수와 역수로 보면, 하늘수는 124, 땅수는 875, 사람수는 36이나 9수를 여기에 붙여 369가 되는 것이다. 이것이 천부경의 수리가 갖고 있는 중요한 뜻이라고 생각한다.

그런데 1→2→4→8→7→5를 순수와 역수가 아닌, 홀수 자리와 짝수 자리의 배열로도 볼 수 있다. 홀수 자리 배열은 147이고, 짝수 자리 배열은 285이다. 홀수 배열 147은 양수이며, 하늘수이고, 천수天數이다. 짝수 배열 285는 음수이며, 땅수이고, 지수地數가 된다. 사람수는 그대로 369이다. 따라서 다시금 홀짝수 배열로 본 하늘수는 147이고, 땅수는 285이며, 사람수는 369임을 알 수 있다. 이는 서두에서 이야기한 박제상의 '부도지'와 매우 유사하다. 이것은 저자가 천부경에서 발견하여 정리한 것으로 앞으로 테슬라 369 이해에 직접적인 도움이 될 것이다.

서양에는 천지인을 1, 2, 3으로 보는 개념이 없다. 천부경에서만 천일, 지이, 인삼이 되는 원리를 명확히 알 수 있고, 여기에서 천1, 지2, 인3이 나오고, 원1, 방2, 각3이 나오는 것을 알 수 있다.

송래선은 '금척천부경'에서 147을 천수, 258을 지수, 369를 인수人數로 보았다. 이는 '부도지'와 같은 수리이다. 다만 편저자와는 지수의 순서가 다르다. 저자는 124875의 짝수 배열에 따라 285를 그대로 지수로 본다. 다만 천부경의 천일, 지일, 인일에서 '부도지'에서 말한 성수(147), 법수(258), 체수(369)를 만날 수 있는 통로가 열렸다는 면에서 의미가 있다고 본다.

그렇다면 9는 어디에 있는가? 하늘수와 땅수의 합(1, 2, 4, 8, 7, 5)은 1+2+4+8+7+5=27⇒2+7=9이다. 그러면 사람수 369는 어디에 있는가? 하늘수 147의 합은 12⇒3이고, 땅수 285의 합은 15⇒6이다.

9는 하늘수와 땅수의 합수에 들어 있는 반면에, 하늘수에는 3이, 땅수에는 6이 들어있다. 이처럼 사람수 369는 천부경에서 대단히 중요한 수이고, 테슬라에서도 중요한 수이다. '천부경도'에서도 중요한 것은 마찬가지이다.

9는 모든 수의 으뜸이다. 양쪽의 합은 9, 3과 6은 짝이 되는 영원한 진동수이며, 9는 어느 수를 곱해도 영원히 변하지 않는다.

9x1=9
9x2=18=9
9x3=27=9
9x4=36=9
1+2+3+4+5+6+7+8=36⇒9

9와 3과 6이 만나면 그 역할이 신(神)과 같다. 따라서 천부경의 하늘수는 147, 땅수는 285, 사람수 369로 본다. 사람수는 본래 36이나 9수와 만나 369가 사람수가 된다. 9는 하늘과 땅에 다 포함되나 여기서는 9수를 사람수에 부여한 것이다.

결론적으로 천지인의 수를 두 가지 경우로 나누어 하늘수, 땅수, 사람수로 정리하고자 한다.

1~9까지의 수를 천부경 천지인의 수로 다시 정리한 것이다.

순수, 역수(음양)로 본 천지인의 수
124 : 하늘수(순수)
875 : 땅수(역수)
369 : 사람수
홀수, 짝수 배열로 본 천지인의 수
147 : 하늘수(홀수 배열)
285 : 땅수(짝수 배열)

369 : 사람수(삼각수)

이것이 이 글에서 주장하는 천부경 수리의 기초이다.

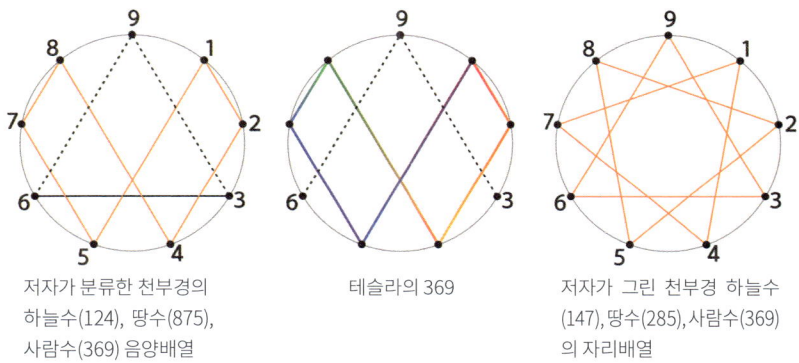

저자가 분류한 천부경의 하늘수(124), 땅수(875), 사람수(369) 음양배열

테슬라의 369

저자가 그린 천부경 하늘수(147), 땅수(285), 사람수(369)의 자리배열

천부경 81자에서 나온 147, 285, 369는 '부도지'에도 나온다. '부도지' 23장은 147를 성수, 258를 법수, 369 체수라고 부른다. '부도지'에 따르면 이를 수의 삼정三正이라고 하는데, 이 '부도지'의 삼정 원리가 천부경에 그대로 들어 있고, 테슬라 코드와 일치한다는 것을 알게 되었다. 우선 '부도지' 369 체수는 천부경 사람수의 배열과 일치한다.

테슬라 코드에서는 369외에 마르코 로댕의 소용돌이 수학에서 말하는 124875가 있다. 이를 음양 자리로 묶으면 147, 285 즉 258이 나온다. 신라 박제상은 '부도지'를 저술하던 1천5백여 년 전에 수의 근원이 147, 258, 369로 나뉜다는 것을 알고 있었던 것 같다. 이 수의 성격을 알고 이미 그 이름까지 성수性數, 법수法數, 체수體數라고 했던 것이다. '부도지'의 훌륭함은 이 세 수에 이름을 부여하여 그 성격을 분명히 한 점이다. 이 삼정의 수리는 1~9까지의 원안에 세 개의 삼각형을 그린 형상에 비유할 수 있다.

부도지		천부경		천부경도	
성수	1 4 7	하늘수	1 4 7	좌수	1 4 7
법수	2 5 8	땅 수	2 8 5	중수	2 5 8
체수	3 6 9	사람수	3 6 9	우수	9 3 6

81자와 함께 천부경에는 고유의 수리체계를 그린 '천부경도'가 있다.

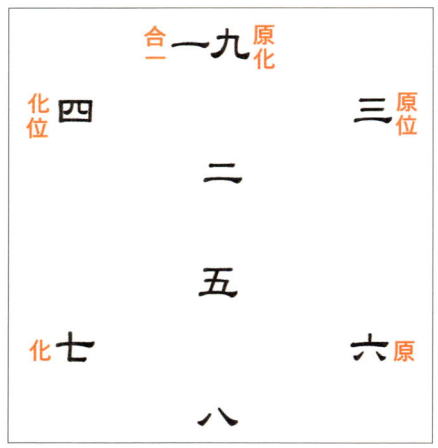

'천부경도' 수리체계도

앞에서도 설명했지만, 그림에는 원화, 합일, 원위, 화위, 원, 화가 나온다. 먼저 9원화原化, 1합일合一은 '천부경도'의 결론이다. 원原은 근본, 기초라는 뜻이다. 화化는 변화, 조화造化라는 뜻이다. 6원原과 7화化은 3원위原位와 4화위化位에 연결된다. 모두 9와 1에 근원하고 있다. 9는 3과 6으로 연결되고, 1은 4와 7로 연결되고 또 258과도 연결된다. 936은 원原의 수들이고, 147은 화化의 수들이다.

그렇다면 이번에는 '부도지'가 말한 삼정의 원리를 테슬라 369로 설명해 보겠다.[1]

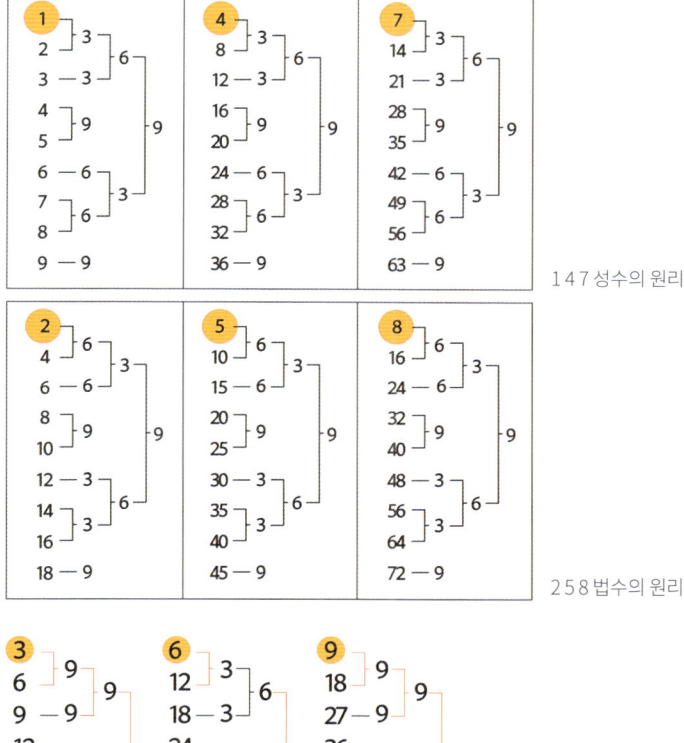

147 성수의 원리

258 법수의 원리

369 체수의 원리

---

1) https://rootshunt.com/tesla369withreligion/tesla369withreligion.htm
https://cheoneui23.tistory.com/m/22142 https://x.facebook.com/jain108academy/photos/a.235052050013869/1716927481826311/?type=3&source=48

이처럼 147은 3-6-9로 통일되고, 258은 6-3-9로 통일되며, 369는 9-9-9로 통일된다. 147, 258(852)의 표는 이미 서양에서도 공개된 것이다.[1]

앞의 369의 체수 원리표는 편저자가 처음 그린 것이다.

369는 우리에게는 놀이로 남아 있다. 369놀이는 누구나 쉽게 할 수 있는 놀이다. 놀이법은 1부터 숫자를 하나씩 세면서 3, 6, 9가 들어가는 숫자는 그 숫자를 말하는 대신 박수를 친다. 또는 '짝'이라고 말로 해도 되는데, 어떻게 할지는 시작 전에 서로 약속하면 된다. 13의 경우는 '십!짝!'이 아닌 그냥 '짝!'이라고 하면 된다. 3의 배수 때 박수를 치는 것이 아니라 13, 23, 16, 26, 9, 29처럼 369가 들어 있으면 무조건 해당된다. 단 3, 6, 9가 두 번 들어가는 숫자(예: 33, 36, 39)에서는 박수를 두 번 쳐야 한다. 어기는 경우 탈락한다. 아래는 369 놀이의 1~100까지의 사례이다. 이 중에 '짝짝'은 9번 나온다.

	1	2	3	4	5	6	7	8	9	10
0	1	2	짝	4	5	짝	7	8	짝	10
10	11	12	짝	14	15	짝	17	18	짝	20
20	21	22	짝	24	25	짝	27	28	짝	짝
30	짝	짝	짝짝	짝	짝	짝짝	짝	짝	짝짝	40
40	41	42	짝	44	45	짝	47	48	짝	50
50	51	52	짝	54	55	짝	57	58	짝	짝
60	짝	짝	짝짝	짝	짝	짝짝	짝	짝	짝짝	70
70	71	72	짝	74	75	짝	77	78	짝	80
80	81	82	짝	84	85	짝	87	88	짝	짝
90	짝	짝	짝짝	짝	짝	짝짝	짝	짝	짝짝	100

---

1) https://rootshunt.com/tesla369withreligion/tesla369withreligion.htm
https://cheoneui23.tistory.com/m/22142 https://www.quora.com/Why-did-Tesla-say-that-3-6-and-9-was-the-key-to-the-universe

369는 민속놀이뿐만 아니라, 옛 조상들의 절 예법에서도 나온다. 이를 삼신영고제라고 한다. 44단군 구물 때, 정사2년(BC424) 예관이 청하여 삼신영고三神迎鼓의 제사를 지냈다. 이 날이 3월 16일이다. 또는 대영절이라고 한다. 임금이 삼신께 절을 올리는 예법이다. 이를 삼륙대례三六大禮라고 하는데, 정확히 말하면 369대례법이다.

초배에 3번 머리를 조아리고
재배에 6번 머리를 조아리고
삼배에 9번 머리를 조아린다.(경우에 따라 10번 조아린다)

> 일적십거
> 一積十鉅
> 무궤화삼
> 無匱化三
> 하나가 쌓여 열로 커가니 톱날 모양
> 삼(3·6·9)의 무궁한 조화造化

'일적십거'에 대해서는 뒤에서 마르코 로댕의 소용돌이 수학으로 설명할 것이다. 1~9를 원형으로 돌리기를 10차 하면 마지막에 톱날 모양이 나온다. 천부경은 9차까지 링을 그리면 81자형이 나오지만 톱날은 10차까지 그려야 한다. 거鉅를 거鋸로 쓰기도 하는데, 거鋸는 톱, 톱질하다는 뜻이다. 일적십거一積十鋸라는 사자성어로도 별도로 쓰이고 있는데, 하나가 쌓여 나아가 마침내 열을 이루니 궁극에 온 세상을 두루 톱질하듯 조화를 베푼다는 뜻이다. 왜 톱날 모양이 중요한지는 뒤에서 설명할 것이다.

1에서 9까지의 합은 45이다. 1에서 10까지의 합은 55이다. 1에서 11까지의 합은 66이다. 이처럼 9번이나 10번 차례로 더하는 것은 복잡하다. 만약 1~100의 합을 구할 경우 그 과정은 너무나 복잡할 것이다.

우선 1~10까지의 합 55를 구하는 법을 가우스^{Gauss}의 덧셈법으로 쉽게 구해 보겠다. 그 방법은 두 가지이다.

1) 처음 수와 마지막 수의 합이 11(1+10)이고, 그 다음 2와 9의 합이 11이다. 이렇게 모두 5쌍이 나오므로 11×5=55

2) 처음 수의 값에다 반대순으로 나열된 값을 더하는데, 두 번 더한 것과 같으므로 그 값을 2로 나눈다.

$$\begin{array}{l} 1 + 2 + 3 + 4 + 5 + 6 + 7 + 8 + 9 + 10 \\ 10+ 9 + 8 + 7 + 6 + 5 + 4 + 3 + 2 + 1 \\ \hline 11+11+11+11+11+11+11+11+11+11 = 11×10÷2 = 55 \end{array}$$

3) 그러면 1~100의 합은 얼마인가?

(1+100)×50=5050이다.

다른 방법으로는 (1+100)×100÷2=5050

즉 1부터 n까지의 합을 구하는 공식은 (1+n)×n÷2 이다.

1~10의 합수 55는 어떤 의미인가?

먼저 1~9의 합수 45를 보자. 45는 4+5=9이다. 1~10의 합수 55는 5+5=10⇒1+0=1이다. 그러므로 10이 차면 다시 1로 시작한다. 또 55의 제곱수는 55×55=3025이다. 이는 3+0+2+5=10이다. 역시 1이다. 1~9의 합수 45의 제곱은 45×45=2025이다. 이것도 2+0+2+5=9가 나온다. 이처럼 기본수에서 9와 10 사이가 중요하며, 10을 10으로 보지 않고, 1로 보는 인식이 필요하다. 이것이 '일적십거'

의 의미이다.

그런데 이것이 다시 3으로 연결된다.

3을 제곱하면 9이다. 또 1+2+3=6이다. 6을 제곱하면 36이다. 다시 3+6=9이다. 3은 6과 9와 언제나 연결되어 있다. 3은 홀로 있는 3이 아니라, 그 안에 이미 6, 9가 들어있다. 3이 곧 조화의 열쇠이며, 369가 그것을 움직이는 무궁한 조화의 힘이다. 이것이 바로 천부경의 '무궤화삼'이다. 화삼化三은 모든 조화의 힘, 변화의 힘을 말한다. 3·6·9가 신神이다. 3은 삼극 또는 그동안 논의해온 원방각이다. 원방각을 숫자로 풀면 1, 2, 3이다. 1+2+3은 6이다. 6을 2배 하면 12이다. 12는 곧 3이다. 3으로 돌아간다.

천부경은 테슬라 이전에 이미 3의 중요성과, 3과 6이 연결되는 것을 알고 있었다. 천부경에 의해 우리는 테슬라의 369(삼륙구)가 무엇인지 비로소 알 수 있다.

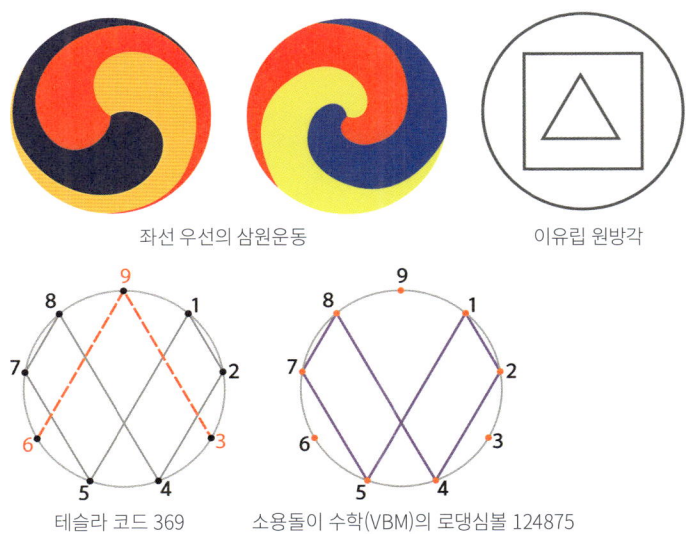

좌선 우선의 삼원운동 　　　　　　　　이유립 원방각

테슬라 코드 369 　　소용돌이 수학(VBM)의 로댕심볼 124875

'테슬라 코드'에서 혹자는 369는 자기의 흐름이고, 124875는 전기의 흐름이라고도 했다. 이 점에 대해서는 발전된 논의가 필요하다.

스티븐 바우어$^{Steven Bauer}$는 로댕의 심볼$^{Rodin Symbol}$과 VBM(소용돌이 수학)을 프렉탈 및 비선형 역학으로 연결을 시도했다. 바우어는 다이어그램의 화살표는 이중화 패턴(369, 124875)을 통해 순환하며, 시공을 통과한다고 말했다. 3과 6은 9의 값을 매개로 사용하여 앞뒤로 진동한다. 즉 396693으로 이동하고 주기적 방식으로 반복된다.[1]

```
1+1=2
2+2=4
4+4=8
8+8=16   →  1+6=7
16+16=32  →  3+2=5
32+32=64  →  6+4=10  →  1+0=1
```

369와 다른 124875의 수

스티븐 바우어의 심볼

천이삼 天二三
지이삼 地二三
인이삼 人二三
하늘의 본성은 둘, 그 작용은 셋
땅의 본성은 둘, 그 작용은 셋
사람의 본성은 둘, 그 작용은 셋

---

1) Steven Bauer, Vortex Based Mathematics A Biblical Perspective, kalamazoo(michigan), 2021, p.16

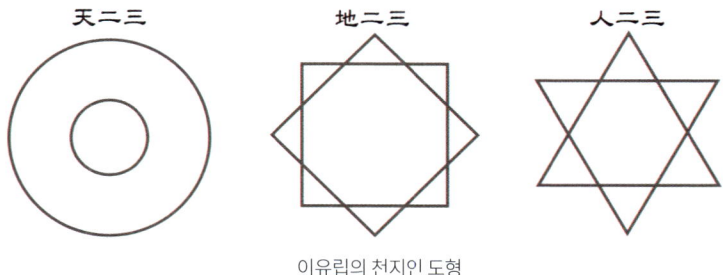

이유립의 천지인 도형

벅민스터 풀러^{Buckminster Fuller}는 "삼각형은 모든 구조의 가장 기본적인 단위이며, 사면체는 가장 기본적인 에너지 역학 시스템"[2] 이라고 말했다. 정확한 개념은 알 수 없지만 삼각형과 사각형에 대한 과학적 인식이 도움이 된다.

> 대삼합육 大三合六
> 생칠팔구 生七八九
> 큰 셋 합해 여섯
> 만물은 일곱, 여덟, 아홉 수

대삼의 3은 천지인, 원방각, 또는 덕혜력을 뜻하며 '천지의 창조성'으로 본다. 또는 최재충은 대삼의 3을 공간, 물질, 시간으로 보았다. '대삼합륙 생칠팔구'를 간단히 줄이면 3-6-9이다. 3은 3+3=6이고, 3x3=9이다. 3의 역할은 이토록 큰 것이다. 그래서 대삼大三이다.

1~9의 숫자는 124875와 369 두 종류의 수가 있다는 것은 앞에서 설명한 바와 같다. 특히 '大三合六'에서 중요한 것은 3과 6의 관계이다. 3을 2배 하면 6이고, 6을 2배 하면 12가 되고, 그 12는 다시 3이 된다는 것은 앞에서 말한 바와 같다. 즉 테슬라가 말한 369의 그 3과 6으로 해석할 수 있다. 왜

---

2) https://satorirei.com/2015/10/01/the-3-6-9-fundament/

369에서 3과 6이 중요한가? 삼三에는 창조성, 조화력이 들어 있기 때문이다.

조옥구는 대삼은 천1+지1+인1=3이고, 합륙은 천1+지2+인3=6이라고 보았다. 생칠팔구는 6에 1, 2, 3을 각각 더해서 7, 8, 9가 나온다고 했다.

대산 김석진은 대삼합륙은 천1+지1+인1=3이 음양을 갖추어 천2+지2+인2=6이 되기도 하고, 또는 3을 중시하여 천지 합일에 의해 인간이 태어나므로 천3+지3=6이라고도 본다고 했다.

최재충은 원형 삼위일체(공간 물질 공간성시간)와 상대형 삼위일체(물질 공간 물질성시간)로 나누고, 다시 앞을 원심성, 뒤를 구심성으로 보았다. 이를 6진 변화라고 했다. 그 기본은 '홀(1), 짝(2), 홀짝(3)'의 3이다.[1]

이는 덕혜력德慧力으로도 설명이 가능하다고 본다. 3은 덕+, 혜+, 력+이다. 이것이 짝이 되어 덕-, 혜-, 력-이 된다. 그래서 6이 된다. 테슬라 369의 3은 덕혜력이고, 6은 덕혜력이 상대성을 가져 덕+-, 혜+-, 력+-에 비유할 수 있다. 이것이 '덕혜력'의 의미이다. 상대적으로 짝이 되어 6이 된다. 대덕大德, 대혜大慧, 대력大力이 되는 것은 이러한 상대성에 의한 것이다.

힌두교에서 말하는 트리무르티Trimurti는 신의 세 가지 얼굴 형태를 말한다. 세 형태는 창조, 보존, 파괴라는 신의 위치를 반영하며, 각각 창조자인 브라흐마, 보존자인 비슈누, 파괴자(변형자)인 시바이다. 이는 힌두교식 삼신일체설이다. 어떤 사람들은 각각을 숭배하기도 하고, 어떤 사람들은 셋을 나눌 수 없다고도 말한다. 또 삼신을 흙 물 불, 영적 정신적 물리적, 상상력 지혜 감정 등으로 나누어 설명하기도 한다.[2]

---

1) 최재충 '천부경과 수의 세계'
2) Deepak singh, Pi, Time and Nikola Tesla 369, Pi(π) Is Time. Lets Do Time Travel, pencil(India), 2021, pp.61~68

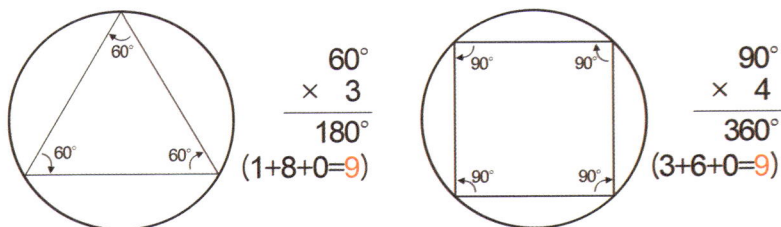

　원방각의 의미를 되새겨 보자. 디지털 9감산법으로 계산해 보면 그 의미가 잘 드러난다.
　원은 360도 이다. 360⇒3+6+0=9이다. 사각형은 90도×4=360도이다. 역시 9이다. 삼각형은 60도×3=180도이다. 180⇒1+8+0=9이다. 원, 방, 각의 디지털 값은 모두 9이다. 모두 똑같다.

　원의 각도는 360도이다.(3+6+0=9)
　반원은 180도이다.(1+8+0=9)
　원의 1/4은 90도이다.(9+0=9)
　45도(4+5=9)
　22.5도(2+2+5=9)
　11.25도(1+1+2+5=9)
　이처럼 결과는 항상 9이다.

　이제 정다각형 각도의 합과 디지털 값은 9로 같다.
　삼각형=180도(1+8+0=9)
　정사각형=360도(3+6+0=9)
　펜타곤=540도(5+4+0=9)

육각형=720(7+2+0=9)
칠각형=1080(1+0+8+0=9)
팔각형=1260(1+2+6+0=9)
이도 같은 결론이다.

6은 최소의 완전수이다. 3은 최소의 홀수 소수이다. 3과 6은 처음 두 개의 삼각형 숫자이며 더하면 9가 된다.

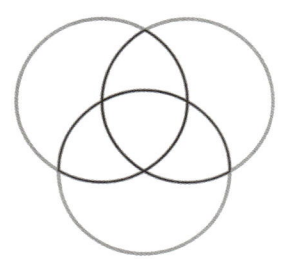

이 그림은 '생명의 삼각대 The Tripod of Life - The Trinity'이다. 이처럼 3원이 만나면 3개의 공간이 더 들어진다. 세 번째 차원 고리를 생명의 삼각대 모양으로 겹치면 3개의 삼각형이 만들어지면서 에너지가 생성되고 방출된다.[1]

가운데를 제외하고 6개의 공간이 만들어지는 것을 확인할 수 있다. 6은 3의 동반자이다. 3이 양성이면, 6은 음성이다. 9는 3의 3배로 모든 것의 절정, 신의 지문指紋이라고 한다. 369는 우주의 열쇠이다 The key to the universe 369. 369는 주파수와 진동과도 연결해서 설명하기도 한다. 369를 이용한다면 우주의 첫소리도 찾아낼 수 있을지 모르겠다.

덕혜력(저자 그림)   이유립의 그림   이고선 그림

---

1) https://satorirei.com/everything-about-369/

369는 패턴이 표시하는 3개의 트리플triple 조합이다.
3 6 9, 6 9 3, 9 3 6 으로 나누어 볼 수 있다.
마주보고 있는 1과 8, 2와 7, 3과 6의 합은 9다.

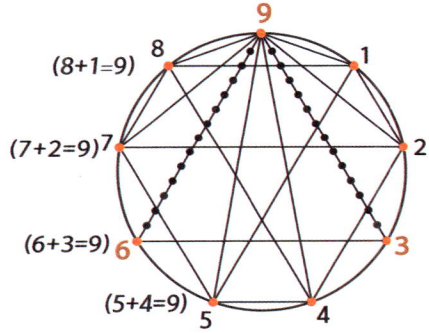

테슬라의 369는 태극문양으로도 이해할 수 있다. 고대 기호는 세 가지 요소로 올바르게 정의되어 있다.[2] 이는 '한서漢書'에서 말한 "태극의 원기는 셋을 포함하여 하나가 된다"와 같다. 다시 말해 3은 양, 6은 음, 9는 그 사이를 연결해주는 중中이다. 그동안 이 중中의 존재가 알려지지 않았으나 여기서 처음으로 밝힌다. 기본적으로 3-6-9는 '양-음-중'을 상징한다. 중中의 9는 음과 양 사이에서 춤추는데, 반대 모양의 에스(역 S) 곡선을 이룬다. 우리 식으로는 새 을ㄹ자요, 궁ㄹ,gung자이다. 동학에서 말한 음양상균陰陽相均의 원리이며, 노자가 42장에서 말한 부음포양負陰抱陽:음을 지고 양을 품음과 삼생만물三生萬物의 그 3이다. 만물의 생성과 운용의 원리를 설명한 명구이다. 기존의 '음양론'이 아닌 '음양중' 3원론이다.

'파이, 시간 및 니콜라 테슬라 369 Pi, Time and Nikola Tesla 369'의 저자 디팍 싱Deepak singh은 다음과 같이 주장했다. 3은 중성자, 양성자, 전자의 결합과 같

---

2) http://www.rexresearch.com/rodin/2-vbm.pdf

고, 6은 물리적 구성요소인 물질로 몸과 마음의 결합을 의미한다. 9는 신의 식god consciousness, 신성한 완성, 3과 6의 공명이고, 영과 육의 균형이다. 369라는 숫자는 매우 특별하며, 체계적이고 조화롭게 사용하면 우주의 숨겨진 문을 쉽게 열 수 있다.[1]

테슬라 코드에서 9를 신神의식god consciousness이라고 신성하게 본 것은 '천부경도'에서 9를 원화原化라고 본 것과 같을 것이다. 다만 '천부경도'는 1을 합일수合一數라 하고, 9를 원화수原化數라고 등동하게 말했다. 테슬라 코드에서 1을 124875의 첫수로만 놓고, 9를 신성한 자리에 놓은 것과는 다른 점이다.

또 디팍 싱에 의하면, 태극 그림에서 검은 점은 3이고, 흰색 점은 6이다. 중간의 9는 새 을乙자, 역S逆·inverse S에 놓여 있다. 이 역S는 흰색과 검은 색의 에너지를 동시에 보유하고 있다. 369는 수학적 지문으로 시간과 관련있다.[2]

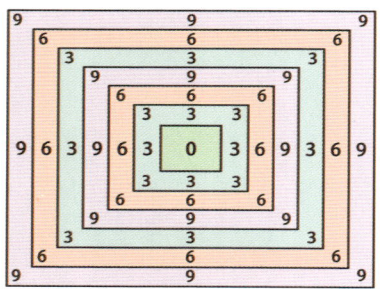

963의 조합[3]

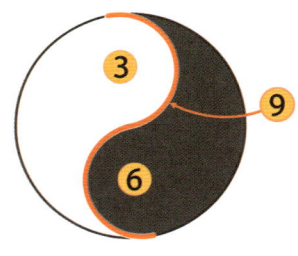

36과 9의 역S [4]

---

1) Deepak singh, Pi, Time and Nikola Tesla 369, Pi(π) Is Time. Lets Do Time Travel, pencil(India), 2021, pp.19~22
2) Deepak singh, Pi, Time and Nikola Tesla 369, Pi(π) Is Time. Lets Do Time Travel, pencil, 2021, 34~37pp.
3) https://satorirei.com/everything-about-369/
4) http://www.rexresearch.com/rodin/2-vbm.pdf (ExtraOrdinary Science &Technology – Jan/Feb/Mar 2010 p.4)

구九는 무궁한 중中이다. 이를 처음으로 음양 속에 중中이 실존함을 입증한 것이다. 중中의 모양은 새 을乙이요, 그것이 연속되면 활 궁弓이 된다. 그래서 궁궁을을弓弓乙乙이라고 한다. 이는 음과 양, 그리고 그 중中의 역동성을 표현한 말이다. 노자 42장의 삼생만물三生萬物의 삼三이 곧 음·양·중이고, 음·양·충기(충기는 또는 화기)이다. 중국의 방립천方立天은 이를 음기·양기·중기中氣라고 했다. 이것도 천부경에서 말한 '석삼극'이라고 이해할 수 있다.

> 운삼사 運三四
> 성환오칠 成環五七
> 셋과 넷이 운행
> 다섯과 일곱이 고리로 돌아

여기서 잠시 '대삼합륙생칠팔구 운삼사'를 구두점을 달리하여 재고하고자 한다.

八九運三四 成環五七: 천부경 '대삼합륙 생칠팔구 운삼사 성환오칠 일묘연'을 다시 나누면 대삼합륙 생칠/팔구 운삼사/성환 오칠/일묘연이다. 즉 8과 9, 3과 4, 5와 7과 1을 재조명할 필요가 있다. 이를 테슬라 그림으로 보면 3과 9, 4와 8은 서로 연결된 것을 알 수 있다. 또 7과 5는 서로 연결되어 1로 다시 돌아간다. 이 뒤에 이야기할 '일묘연'의 의미가 선명하게 드러난다.

또는 대'삼' 합'륙' 생칠팔'구'를 요약하면 천부경 수리의 핵심도 369임을 확인할 수 있다. 여기에 천부경의 열쇠가 들어있고, 우주의 열쇠가 들어있다. 3은 '천3'을 의미하고, 6은 '천3+지3=6'을 의미하고, 9는 '천3+지3+인3=9'를 의미한다. 곧 3은 창조성이다. 하늘이 가지고 있는 창조성, 땅이 가지고 있는 창조성, 사람이 가지고 있는 창조성을 온전하게 발휘하는 것이 우주의 목적이다. 9의 창조성의 결과물이 곧 10이고 0이다. 10은 9의 창조성의 열매이다. 감나무에 감이 주렁주렁 열린 것은 9의 창조성이고, 홍시가 되어 떨어진 감 10은 1이고 0이다.

1은 1+1=2가 되므로 2로 가고, 2는 2+2=4이므로 4로 가고, 4는 4+4=8이므로 8로 가고, 8은 8+8=16이다. 단 10이 넘는 수는 9감산하므로 16-9=7이고, 또 16은 1+6=7이 되므로 7로 되돌아간다. 7을 거듭하면 7+7=14이므로 1+4=5가 되므로 5로 되돌아간다. 5는 5+5=10이므로 1로 간다. 7에서 나온 8의 16+16=32를 두 번 더해도 32+32=64이므로 1이 된다. 7-5-1에 의해 만왕만래를 한다. 무한 순환을 한다.

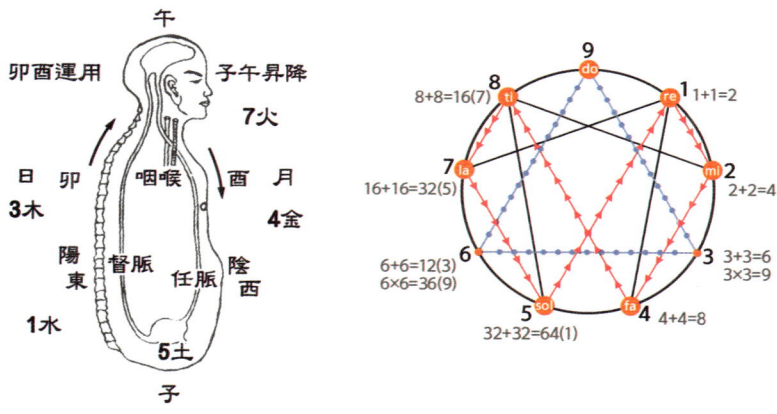

임독맥으로 본 3과 4   8과 9, 3과 4가 마주보고 있다. 9는 3과 8은 4와 연결된다.

세포 분열은 3, 6, 9와 관련이 없는 것 같아 보인다. 그러나 3, 6, 9가 있어서 우리의 현실은 구체성을 갖는다. '369는 우주의 열쇠' 369 the KEY to the UNIVERSE 라는 테슬라의 말 뜻은 이와 같다고 본다. 이 숫자들은 우주의 설명할 수 없는 패턴에 대한 어떤 신비를 보여준다. 테슬라는 3을 중요시 했고, 3으로 나누어지는 숫자 numbers divisible by three를 좋아했고, 실제로 식사할 때 18개의 냅킨

exactly 18 napkins을 사용했다. 124875로 발전하게 된 것이다.

로댕의 소용돌이 기반 수학^{VBM}에서 0은 존재하지 않고 숫자 9로 대체되며 대신 0은 로댕 토러스 중심을 통과하는 소용돌이 우물$^{vortex-well}$로 정의된다. 숫자 9는 무한 심볼의 중심과 일직선이 되고, 우리가 정신^{Spirit}이라고 부르는 선형 방출은 이 중심으로부터 나온다. 우주에서 일직선으로 움직이는 것은 정신뿐이다. 정신은 다른 모든 것을 휘게 하고 그 주위를 맴돌게 한다. 완벽한 숫자 패턴은 실제로 이 스피릿 에너지$^{Spirit\ energy}$에 의해 만들어진다. 스피릿 흐름$^{Spirit\ flow}$은 모든 운동의 원천이자 전자의 부패하지 않는 스핀의 원천이다. 숫자는 시간적, 공간적, 부피적 특성을 가지고 있다. 자연은 숫자로 자신을 표현하고 있다.[1]

> 일묘연 一妙衍
> 만왕만래 萬往萬來
> 용변부동본 用變不動本
> 하나가 오묘하게 뻗어나가
> 수없이 오고 가네.
> 작용은 변하지만 근본은 움직이지 않아.

다시 돌아와서 천부경의 해석을 이어가보자. 본*이라는 글자는 81자 본문에서 무진본, 부동본, 본심본태양 등 4번 나온다. 마르코 로댕$^{Marko\ Rodin}$의 소용돌이 수학에서 1-2-4- 8-7-5의 1의 무한 반복은 일묘연의 만왕만래와 같다.

---

1) http://www.rexresearch.com/rodin/2-vbm.pdf (Vortex-Based Mathematics)

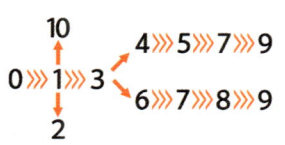
일묘연 과정(편저자 그림)

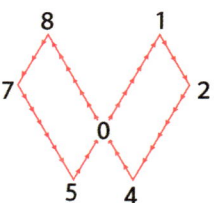
일묘연과 124 875 [1]

> 본심본태양앙명 本心本太陽昂明
> 인중천지일 人中天地一
> 사람의 근본은 마음이고, 우주의 근본은 태양의 빛이니
> 서로 통해 높이 밝음
> 사람의 중中에서 하늘 땅과 한 몸

인간의 본성은 본심이며, 본태양이다. 영원불멸의 태양이며, 빛이니, 그 자체가 본태양이다. 결론은 빛의 사람이 되는 것이다.

인중人中은 인간의 속에 있는 마음中心을 가리킨다. 인중은 본심이다. 본심이 있기 때문에 사람은 하늘과 땅과 떨어질 수 없다. 늘 하늘 땅과 연결되어 있는 존재가 사람임을 자각해야 한다는 뜻이다. 천지와 한시도 떨어지거나 분리될 수 없는 존재가 사람이다. 사람이 인중의 존재라는 말이다. 인중이란 사람 속中에 이미 하늘과 땅이 내려와 있다는 뜻을 함의한다.

우리 몸에서 코와 입 사이를 인중人中이라고 한다. 코는 하늘의 기운을 받아들이고, 입은 땅에서 나온 음식물을 먹는다. 만약 코는 하늘이고, 입은 땅이라고 하면 그 사이에 있는 곳이 인중이 되는 것은 자명하다.

---

1) https://consciousvortex.com/

그런데 369에서 3을 천수, 6를 지수, 9를 인수라고 하면 사람은 천지인과 합일合一하는 존재라는 것을 인중을 통해 알 수 있다.

'사람'이 천지인과 합일한다는 말은 무엇인가? 앞의 사람은 개체의 인간 즉 한 사람, 한 사람을 말한다. 천지인의 인人은 인간 공동체, 인류를 말한다. 사람은 인간 공동체 속에서 같이 사는 것이지, 홀로 살 수 없다. 사람은 홀로의 존재가 아니라, 이미 천지인에 들어있는 인중人中의 존재이다. 즉 사람개체 사람이 사람인류과 함께 가야 사람人이 되는 것이다. 그래야 내가 천지인과 합일할 수 있는 자격을 얻게 된다. 내가 사람이라고 저절로 인중이 되는 것은 아니다. 나와 너의 자타自他가 구별되어 있으면 천부경의 사람이 될 수 없다. 자타가 하나 되어야 천지인의 그 인人에 들어갈 수 있다. 그런 사람을 인일人一이라고 하고, 내가 천지인과 합일된, 천부경의 사람이 되었을 때, 곧 인중人中이다. 인중은 천부경 인간관의 핵심이다.

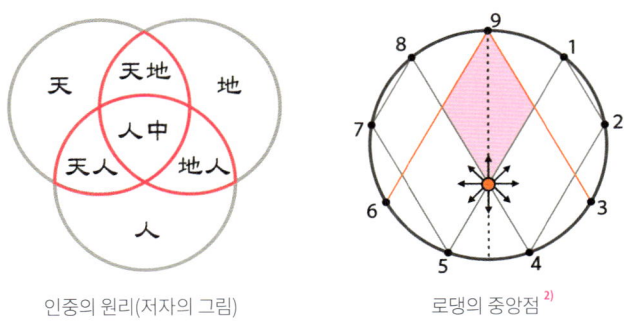

인중의 원리(저자의 그림)　　　　　로댕의 중앙점 [2]

일종무종일　一終無終一
하나 마치되 무로 돌아가 (다시) 시작하는 하나

2) http://www.rexresearch.com/rodin/2-vbm.pdf (ExtraOrdinary Science & Technology - Jan/Feb/Mar 2010 p.5)

무시무종無始無終은 시작도 없고 끝도 없다는 뜻으로, 만왕만래萬往萬來한다. 테슬라가 말한 무한대(∞)의 세계와 같다. 124 875는 무한 대칭으로 순환을 하고, 369는 무한 회전으로 반복을 한다. 마르코 로댕Marko Rodin의 그림에서 볼 때, 124는 오른쪽을 돌고, 875는 왼쪽을 돈다. 그리고 369는 124와 875가 중앙에서 만날 때 랜디 파웰Randy Powell이 그린 다이어그램처럼 +, -를 반복한다.

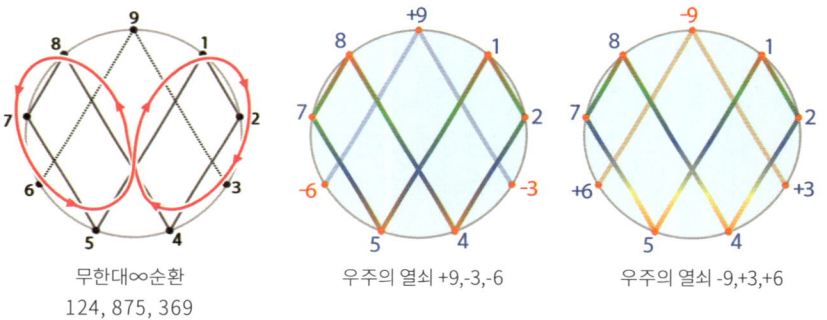

무한대∞순환
124, 875, 369

우주의 열쇠 +9, -3, -6

우주의 열쇠 -9, +3, +6

테슬라 코드 369를 특별히 우주의 열쇠라고 한다면, 이 열쇠는 +9일 때 -3, -6이 되고, -9일 때 +3, +6이 된다. 그리고 124 875가 무한 순환하는 중에 중앙에서 만나는 접점接點이 이루어진다. 이 접점이 마르코 로댕의 이론에서 핵심이 된다. 이 중앙의 접점은 중요한 의미를 지니므로 뒤에서 추가로 설명할 것이다.

천부경은 무無에서 시작하여 삼극을 거쳐 무無로 마친다. 이것이 무한대의 무이다.

앞에서 1~9까지의 수를 천부경 천지인의 수로 정리한 것이다. 순역수도 있고, 홀짝수도 있어야 한다. 하나만으로는 천지인이 완전해질 수 없다. 이를 좀 더 발전시켜 보겠다.

순역수	홀짝수
124 하늘수(순수)	**147** 하늘수(홀수 배열)
875 땅수(역수)	**285** 땅수(짝수 배열)
369 사람수(삼각수)	

이 369를 제외한 나머지 124875의 6수에서 순수 124, 역수 875를 나누어 각각 조합하면, 마주 보고 있는 두 수끼리 즉 1+8=9, 2+7=9, 4+5=9가 나온다.

음양 속 369와 천부경

주역에서는 1태극이 2음양으로 나뉘고, 2는 태양, 태음, 소양, 소음의 4상으로 나뉘고, 4상은 다시 건, 감, 간, 진, 손, 이, 곤태의 8괘로 나뉘고, 8괘끼리 만나 64괘가 된다.

즉 1태극의 음양 분열은 세포의 분열 과정과 같다. 세포 분열 과정을 살펴보면 1세포가 2가 되고, 2세포가 4가 되고, 4세포가 8이 되고, 8세포가 16이 되고, 16세포가 32가 되고, 32세포가 64가 된다.

여기서 등장하는 숫자들을 한 자리수만 남을 때까지 계속 더한다. 이 모든 숫자를 차례로 더하면 124875가 반복된다. 주역이 64괘로 끝나는 이치도 여기서 나타난다. 64는 6+4⇒10⇒1+0⇒1이 되어 다시 1로 시작하기 때문이다. 즉 64는 1과 같고, 128은 2와 같다. 256도 결국 4와 같다.

1 = 1	1=1
2 = 2	2=2
4 = 4	4=4
8 = 8	8=8
16 ⇒ 1+6 = 7	16=7
32 ⇒ 3+2 = 5	32=5
64 ⇒ 6+4 ⇒ 1+0 = 1	64=1
128 ⇒ 1+2+8 = 11 ⇒ 1+1 = 2	128=2
256 ⇒ 2+5+6 = 13 ⇒ 1+3 = 4	256=4
512 ⇒ 5+1+2 = 8	512=8
1024 ⇒ 1+0+2+4 = 7	1024=7
2048 ⇒ 2+0+4+8 = 14 ⇒ 1+4 = 5	2048=5
4096 ⇒ 4+0+9+6 = 19 ⇒ 1+9 = 10 ⇒ 1+0 = 1	4096=1
·	8192=2
·	16384=4
·	32768=8
·	65536=7
·	131072=5
·	262144=1

124875의 무한반복

이 124 875를 홀수는 양, 짝수는 음으로 구분하여 살펴보자. 124는 양음음이고, 875는 음양양이다. 369는 그대로 양양양이다.

이를 주역의 괘로 풀어보자. 주역의 괘 효爻에서 ━는 양이고, ━ ━는 음에 해당한다. 따라서 124 양음음은 ☳(진 震)괘이고, 875 음양양은 ☴(손 巽)괘이다. ☳(진)은 우레, 용龍, 장남을 상징한다. ☴(손)은 바람, 나무, 장녀를 상징한다. 또한 괘 전체를 보면 ☳(진)은 양괘이고, ☴(손)은 음괘로 음양이 짝을 이룬다. 이를 정음정양正陰正陽이라고 한다.

주역의 괘는 순서가 부여돼 있다. 주역의 괘를 창안한 복희씨의 복희8괘 차서도伏羲八卦次序圖에 의하면 1 건괘, 2 태괘, 3 이괘, 4 진괘, 5 손괘, 6 감괘, 7 간괘, 8 곤괘의 순서로 돼 있다. 흥미롭게도 124(양음음)가 3효에 의해 ☳(진)인 것과 동시에 124의 4가 대표하여 4 진괘가 된 것과 일치한다. 마찬가지로 875(음양양)가 3효에 의해 ☴(손 巽)인 것과 동시에 875의 5가 대표하여 5 손괘가 된 것과 일치한다.

주역에서 ☳(진)은 양의 싹이 되고, ☴(손)은 음의 싹이 된다. 따라서 124 875의 성격을 주역의 ☳(진)과 ☴(손)의 두 괘에서 파악할 수 있다. 두 괘는 우레(진)와 바람(손)과의 관계와 같고, 장남(진)과 장녀(손)와의 관계와 같다. 이 두 관계는 주역에서 상대적이며 필연적이다.

그렇다면 369는 무엇을 의미할까. 369는 양양양이니 곧 ☰(건 乾)괘이다. 순양純陽인 ☰(건)은 하늘, 임금, 아버지를 상징한다. 여기서 369를 다시 각각 쪼개어 살펴보자. 주역 8괘에서 3은 ☲(이 離)괘를, 6은 ☵(감 坎)괘를 의미한다. 이 괘는 불을, 감 괘는 물을 상징한다. 감과 리는 앞에서 말한 진손震巽과 짝을 이룬다. 9는 8로 나누어 나머지가 1이므로 다시 ☰(건 乾)괘가 된다. 결국 3과 6이 남아 감리坎離의 작용을 하는 것이다. 감리는 음양 운동이고, 창조 활동의 근원인 것이다.

주역에서 3과 6이 중요한 기능을 수행하는 수임을 알 수 있다. 사실 1태극의 시간적 음양 분열을 공간적으로 한정限定해놓은 것이 3개 효爻이다. 64괘는 3효와 3효의 만남으로 한정된다. 주역의 괘는 작게는 3효, 크게는 6효로 작동되는 것이다. 이 3효와 3효가 만나 비로소 만물에 이름이 부여되고 64괘가 탄생하게 된다. 무명無名이 유명有名으로 되는 것이다. 이것이 노자老子가 말한 유명有名의 세계이다.

테슬라 코드의 369와 124 875의 무한 순환을 주역의 '설괘전'으로 비유하여 설명할 수 있다.

"신야자神也者는 묘만물이위언자야妙萬物而爲言者也니라."
신이라는 것은 만물을 신묘하게 하는 것을 말한다.

이 대목(이를 '묘신문妙神文'이라고 한다)에 와서 다시 이렇게 말한다.

"…고故 수화상체水火相逮하고, 뇌풍雷風이 불상패不相悖하고, 산택山澤이 통기通氣 연후然後에야 능변화能變化하여 기성만물야旣成萬物也니라."
그러므로 수화가 서로 따르며, 뇌풍이 서로 거스리지 않으며, 산택이 서로 기운을 통한 후에야 능히 변화하여 만물을 다 완성하느니라.

테슬라 369에서 '6감수'와 '3리화'가 주역의 수화상체水火相逮가 되고, '4진뢰'(124)와 '5손풍'(875)이 만나 뇌풍雷風 불상패不相悖가 되는 오묘한 이치가 숨어 있다. 이처럼 8괘에서 3과 6, 4와 5가 핵심 열쇠임을 알 수 있다.

김일부 선생은 이 묘신문에 근거하여 문왕8괘도의 뒤를 이은 제3의 역괘를 그렸다. 이를 '정역8괘正易八卦'라 칭한다.

복희8괘의 도상을 보면 괘의 순서가 왼쪽 상단에서 시작해 1234→중中→5678 순으로 순환하되, 3과 6을 별개의 회로로 보지 않고 포함시키고 있다. 반면 테슬라 코드는 오른쪽 상단에서 시작해 124→875 순으로 순환하되, 369를 별개의 순환 회로로 보고 있다.

다시 말해 복희8괘도는 가운데 중中을 허공虛空으로 본 반면에 테슬라 코드는 이 '허중虛中'을 3과 6으로, 또는 124 875의 접점으로 구체화하였다. 그 순환의 모양이 태극형(에스S형)이다.

또 복희8괘도와 테슬라 코드는 9에 대한 시각적 차이가 보인다. 복희8괘도는 8괘의 순환 원리에 따라 9를 8의 나머지인 1과 동일시하고 생략하였다. 그러나 테슬라 코드는 9가 3과 6과 연결된 삼각의 핵심고리로 드러나고 있다.[1]

다만 주역의 9수는 낙서 및 복희8괘도 이후에 작성된 문왕8괘도에서 등장한다. 8괘도와 테슬라 코드의 관계는 앞으로 더 연구할 과제다.

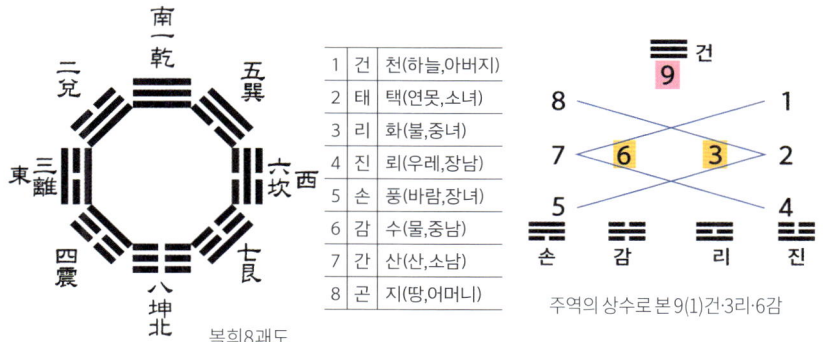

주역의 상수로 본 9(1)건·3리·6감

---

[1] 9는 실제로 보이지 않는 수이다.

구분	복희8괘도	테슬라 코드
기본 수	1~8	1~9
시작점	왼쪽→오른쪽	오른쪽→왼쪽
순환회로	1234 中 5678	124 875 369
순환형상	태극형(S자형 S)	장구형(N,∞), 삼각형
중앙	허중 虛中	3 6 9(양음중) 또는 124 875의 접점
9수 역할	생략	핵심 수
순환패턴		

따라서 복희8괘도는 9(1)-3-6 삼각체계, 문왕8괘도는 9-3-7 삼각체계, 정역8괘도는 5-8-3 삼각체계로 분석할 수 있다.

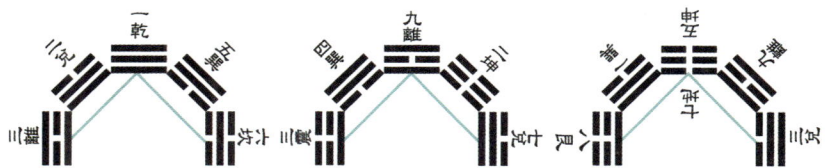

이제 하늘수와 땅수가 만나는 '중앙점'을 살펴보자. 주역이나 천부경에는 '천지가 합일한다', '천지인이 합일한다'는 말이 나온다. 그러나 정작 그 하늘과 땅이 어디서 어떻게 만나는지를 알지 못했다. 아래 그림을 참조하면 하늘수는 1→2→4로 순환하고, 땅수는 8→7→5로 순환하다가 중간에서 만난다. 저자는 그 두 수가 만나는 중앙점이 바로 '천지합일점'이라고 본다.

천부경의 '운삼사 성환오칠'에 근사하다. 운삼사는 124를 3이 맡아 주고,

성환오칠은 875를 6이 맡아 중앙에서 환環을 이룬다. 환은 고리라는 뜻이 있고, 환옥環玉이라는 뜻을 지닌다. 고리는 연결고리이니 그 뜻이 그림에 부합하는 면이 있는 것이다. 환옥은 가운데 구멍이 뚫린 벽옥璧玉을 말한다. 앞에서는 '팔구/운삼사'로 보았다. 여기서 천부경을 수경數經이라고 하는 이유를 알 수 있다.

주역에서는 이처럼 하늘괘와 땅괘가 만나고 사귀는 것을 '천지교태天地交泰'라고 설명한다. 지천태(☷ ☰ 地天泰)괘의 괘상으로 보면, "위에 있던 하늘☰의 기운은 아래로 내려오고(천기하강), 아래에 있던 땅☷의 기운은 위로 올라가서(지기상승) 하늘과 땅이 서로 사귀는 형상이다."[1] 곧 천부경의 하늘수와 땅수가 만나는 의미와 주역의 하늘 땅괘의 사귀는 관점이 서로 일치한다고 본다.

그렇다면 천부경의 사람수 369는 어찌 되는가? 369는 124와 875가 중앙에서 만날 때 +9,-3,-6이 -9,+3,+6으로 변화하며, 다시 -9,+3,+6은 +9,-3,-6으로 변화하며 무한 반복 회전을 한다. 이처럼 하늘수 124와 땅수 875가 중앙에서 천지합일을 이룰 때 사람수 369도 동시에 반응하며 변화를 이룬다. 천지인이 일체적으로, 한 몸으로 만나는 것이다.

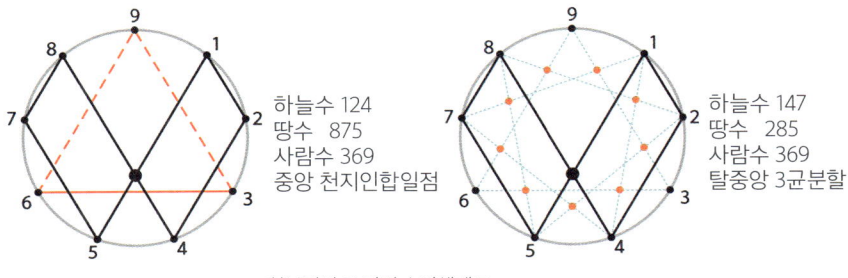

천부경의 두 가지 수리체계도

---

1) 김석진 '새로 쓴 대산주역강의'(1)

124,875,369 수리체계의 특징은 중앙에서 '천지인합일점'이 형성된다는 점이다. 147,285,369 수리체계의 특징은 '탈脫중앙 3균 분할'에 있으며, 9개의 교차점이 만들어진다는 점이다. 이 9개의 교차점을 연결하면 작은 원이 생긴다. 369는 어느 경우에도 변하지 않기에 전체적으로 대칭적으로 보인다. 그런데 이 대칭 속에 회전이 있다.

김상일[1]은 '부도지역법과 인류세'에서 부도지의 23장을 설명하며 이를 '회회첩첩'으로 풀었다. 회회回回는 회전이고, 첩첩疊疊은 대칭이다.[2]

회전없는 대칭은 반쪽에 지나지 않고, 대칭 없는 회전도 반쪽에 지나지 않는다. 예를 들어 369는 회전을 담당하고, 124 875는 대칭을 이룬다. 특히 369는 124 875가 대칭을 이루며 회전하게 한다.

마르코 로댕의 원초적 통일점

과학자들은 우주의 모든 전자가 회전한다는 것을 알고 있지만, 이 회전의 근원을 발견한 적은 없다. 그런데 로댕이 시간 자체의 구조인 우주의 기본 기하학을 발견했다. 이에 대한 마르코 로댕의 글을 참고로 재정리해보고자 한다.

다음 페이지 그림의 중앙 ✳을 그는 원초적 통일점 Primal Point of Unity이라고 한다. 또는 직접적으로 '마르코 로댕의 심볼'이라고 한다. 저자는 앞에서 천부경의 124와 875가 만나는 중앙의 점을 '천지합일점'으로 보았다. 로댕의 심볼점은 나중에 천부경 도형을 그리는 데 기준이 된다. 이는 프렉탈스의 중심이지만 원의 중심은 아니다. 밑에서 3분의 1, 위에서 3분의 2지점에 있다. 숫자 9는 무한대 기호의 중심과 일직선을 이루며, 우리가 스피릿 Spirit이라고 부르는 선형 방출이 질량의 중심에서 바깥으로 나오는 것이다. 우주에서 일직

---

[1] 김상일(金相日, 1941~): 호는 먼산. 한사상을 체계화한 철학자이다. 한국사상의 세계적인 보편성을 과정철학과 접목시켜 천부경과 삼일신고를 해석했다.'한철학', '부도지역법과 인류세'등의 저서가 있다.

[2] 김상일, '부도지역법과 인류세' 89~90쪽

선으로 움직이는 것은 영혼뿐이다. 스피릿은 아인슈타인이 가정한 관성 에테르(inertia aether)이다.

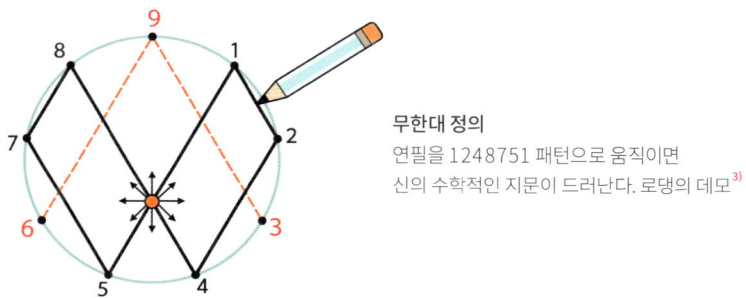

무한대 정의
연필을 1248751 패턴으로 움직이면
신의 수학적인 지문이 드러난다. 로댕의 데모[3]

연필을 1번 위치에 놓은 뒤 연필을 들지 않고 연필을 2번, 4번, 중앙을 가로질러 8번으로 직선으로 움직인다. 8을 두 배하면 8+8=16. 16은 1+6=7이다. 따라서 연필을 7로 이동시킨다. 그런 다음 16을 두 배로 늘리면 32, 3+2=5. 따라서 연필을 5로 이동시킨다. 그런 다음 32를 두 배로 늘리면 64가 되고, 6+4=10 및 1+0=1이 된다. 그리고 1로 돌아간다. 따라서 연필을 중앙을 가로질러 다시 1로 이동한다. 마야 달력의 중요성은 64가 무한대의 완전한 하나의 주기라는 것이다. 그런 다음 64로 다시 시작하여 2배는 128이고 1+2+8=11, 그 다음 1+1=2가 되는 방식으로 계속 두 배로 늘어남에 따라 이 트랙에서 절대 벗어나지 못한다.

무한대Infinity 기호가 연필 아래에 형성되어 계속 반복되는 1, 2, 4, 8, 7, 5 패턴을 생성한다. 놀랍게도 이 숫자 시퀀스는 숫자의 절반에도 그대로 적용된다. 1에서 다시 시작하지만 이번에는 무한대 기호에서 뒤로 이동한다. 1의 절반은 0.5이므로 연필을 0+5=5이므로 5로 이동한다. 그런 다음 0.5의 절

---

3) Infinity Defined.... Moving the pencil in a 1248751 pattern, reveals the Mathematical Fingerprint Of God.

반은 0.25이고 2+5=7이다.

　연필을 7로 감는다. 0.25의 절반은 0.125이고 1+2+5=8. 따라서 8로 이동한다. 0.125의 다음 절반은 0.0625이고 0+6+2+5=13 및 1+3=4이다. 따라서 4로 이동한다. 그리고 0.0625의 절반은 0.03125이고 0+3+1+2+5=11 및 1+1=2이다. 따라서 2로 이동한다. 이처럼 영원히 1, 2, 4, 8, 7, 5의 경로를 거꾸로 유지한다.

　마르코 로댕은 124875 숫자들을 선속필드 flux field, 線束라고 부르고, 이것이 3차원과 4차원의 벡터를 나타낸다고 말했다. 369는 나머지 6개 지점의 에너지회로에 영향을 미치는 상위차원의 에너지로 여겨진다. 로댕의 제자 랜디 파웰 Rendy Powell 은 이것을 프리에너지 Free Energy의 비밀열쇠라고 말했다.[1]

　프리에너지는 테슬라가 구상한 공기처럼 자유롭게 쓸 수 있는 에너지이다. 테슬라의 369는 로댕과 파웰에 의해 입증되고 있다.

　"니콜라 테슬라는 3, 6, 9의 웅장함을 안다면 우주의 열쇠를 갖게 될 것이라고 말했다. 정확히 말하면 3·9·6 파일럿 웨이브가 핵심이며 과잉 에너지 증폭의 비결이다." ― 마르코 로댕[2]

　마르코 로댕은 자신의 페이스북에서 "여러분은 숫자들 사이의 관계가 무작위적이거나 인공적인 것이 아니라, 숫자들이 사실 모든 것이 구성되어 있는 기본적인 입자라는 것을 발견할 것"이라고 했다. 그가 만든 로댕코일은 자기장의 세기를 증가시키는 도넛 모양의 와이어이다.

---

1) https://www.youtube.com/watch?v=gepvIBinSIo&list=PLx1cDUg4FSDJ hnrZAQ6CrVEQUSPeVnBhk&index=1&t=203s (3,6,9 테슬라 코드…한글자막)
2) Nikola Tesla said, If you knew the magnificence of the 3, 6 and 9, you would have the key to the universe. To be truly accurate, the key is really the 3·9·6 Pilot Wave, and it's the secret to overunity energy amplification. (https://globalbem.com/)

베르나르 베르베르는 '신神1'에서 '신비로운 수'에 관해 말하고 있다. 그는 142, 857의 6개 숫자에 주목했는데, 이는 124875에 견주어 생각할 수 있다.

142857×1=142857
142857×2=285714
142857×3=428571
142857×4=571428
142857×5=714285
142857×6=857142 가 나온다.

이렇듯 언제나 똑같은 숫자들이 자리만 바꿔 가면 나타난다. 그러나 베르베르는 6개 숫자가 369를 제외한 결과에서 나온 것을 알지 못한 것 같다.

마르코 로댕이 앞에서 제시한 124875는 어떨까?

124875×1=124875
124875×2=249750
124875×3=374625
124875×4=499500
124875×5=624375
124875×6=749250 가 나온다.

124875의 곱셈 3, 5에서는 3, 6이 각 값에 들어 있다. 앞의 142857×7=999999가 나온다. 그러나 124875×7=874125가 나온다. 이렇듯 같은 124875의 숫자가 나오는 것에서 7의 신비로움을 알 수 있다. 그래서 베르베르는 7을 신神의 후보생이라고 했다. 또 142+857=999이고, 14+28+57=99이다. 반면에 124+875=999이고, 12+48+75=135가 나온다. 135는 9감산법으로 9이다.

그리고 142857을 제곱하면 20408122449이다. 이 수는 20408 다섯 자리와 122449 여섯 자리로 이루어져 있다. 이 둘을 더하면 142875이 도로 나온다. 이는 9감산법으로 하면 27즉 9이다. 그렇다면 124875는 어떨까?

124875를 제곱하면 15593765625이다. 이 수는 15593과 765625로 이루어졌다. 이 둘을 더하면 781218이 나온다. 이를 9감산법으로 하면 27 즉 9이다.

테슬라 369와 로댕의 124875의 우주관을 요약하면 다음과 같다.

1) 우주의 순 에너지는 0이다.
즉, 제로섬零合 게임이다.
2) 우주에는 깊은 수준의 대칭이 존재한다.
3) 우주는 셀 수 있고 분리된 구성요소로 만들어져 있다.
4) 우주는 실제로 우리의 우주가 경계를 이루더라도 무한한 것으로 이루어져 있다. — 스티븐 바우어[1]

원초적 통일점으로 '369 천부경도형' 그리기[2]

마르코 로댕의 수리數理 이론은 서양의 철학적 가치를 통해 우리 문화의 신비를 담고 있는 천부경에 대한 새로운 해석 가능성을 열어주었다. 뿐만 아니라 동서양의 공통된 사유체계를 이해하는 단초가 되고 있다.

테슬라가 369는 우주를 이해하는 열쇠라고 규정한 이후, 마르코 로댕은 테

---

1) Steven Bauer https://www.youtube.com/watch?v=en58d-R2cVc&list=PLr6U3JfQRaDR_H7MGiaQmePguQTbdB2m9 (The Rodin Symbol)
2) https://www.youtube.com/watch?v=unqKSfZfzho&list=PLr6U3JfQRaDSITH-XQiZOZL2Ks4FB9ZZa(RODIN FRACTAL EIGHT ABHA TORI MATRIX, 2011. 2.26)

슬라의 이러한 논거를 바탕으로 9로 표현되는 특이점 singularity 또는 원초적 통일점 Primal point of Unity [3] 을 주장했다. 로댕의 수리 이론은 천부경의 관점에서 새롭게 해석할 여지를 줄 뿐만 아니라, 거꾸로 천부경 81자 도형을 제시할 수 있게 해준다. 테슬라와 마르코 로댕의 이론을 바탕으로 천부경 도형을 그려보자. [4]

1단계-첫번째 원(1번원) 그리기

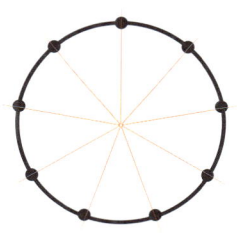
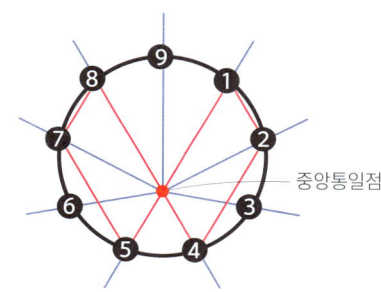

중앙통일점

정원을 9등분(40°)하여 원에 닿는 각각의 지점에 1~9의 번호를 준다. 원의 맨 윗점을 기준 삼아 시계 방향으로 순서대로 9까지 숫자를 부여한다.

1→2→4→8→7→5→1 순으로 연결(빨간선)하고 1과 5, 4와 8이 교차하는 지점이 중앙통일점으로 이를 중심으로 1~9까지의 각 숫자를 잇는 방사형태의 직선 9개(파란선)를 그린다. 중앙통일점의 위치는 원의 중앙이 아니라 세로지름 위에서 3분의 2, 밑에서 3분의 1에 자리한다. 중앙통일점은 이후 그리는 모든 원의 중심으로 각 중앙통일점의 위치는 이 한 점에 위치한다.

---

3) http://www.rexresearch.com/rodin/2-vbm.pdf (Vortex-Based Mathematics)
https://www.facebook.com/rodintechnology/ (Marko Rodin)
http://www.rense.com/RodinAerodynamics.htm
https://zdocs.ro/doc/rodin-coil-3w1kvjr34y6r (RODIN COIL)
https://www.youtube.com/user/MarkoRodin (Marko Rodin의 유튜브) https://globalbem.com/marko-rodin/ (Marko Rodin)

4) 마르코 로댕Marko Rodin의 '프랙탈 8 ABHA 토리 매트릭스(RODIN FRACTAL EIGHT ABHA TORI MATRIX)'를 통해서 천부경 81자 도형을 재구성해본다.

2단계-두번째 원(2번원) 그리기

　2번원은 1번원 크기의 두배로 1번원과 같이 만들어진 2번원의 중앙통일점을 1번원의 중앙통일점에 위치시킨다. 2번원은 1번원의 9등분과 달리 두배, 즉 18등분을 하고 1번원과 같은 방식으로 1~9번까지 두차례 번호를 준다. 1번원의 번호꼭지점에서 그림과 같이 2번원의 번호꼭지점 두곳으로 선을 잇는다. 천부경의 석삼극析三極을 의미한다.

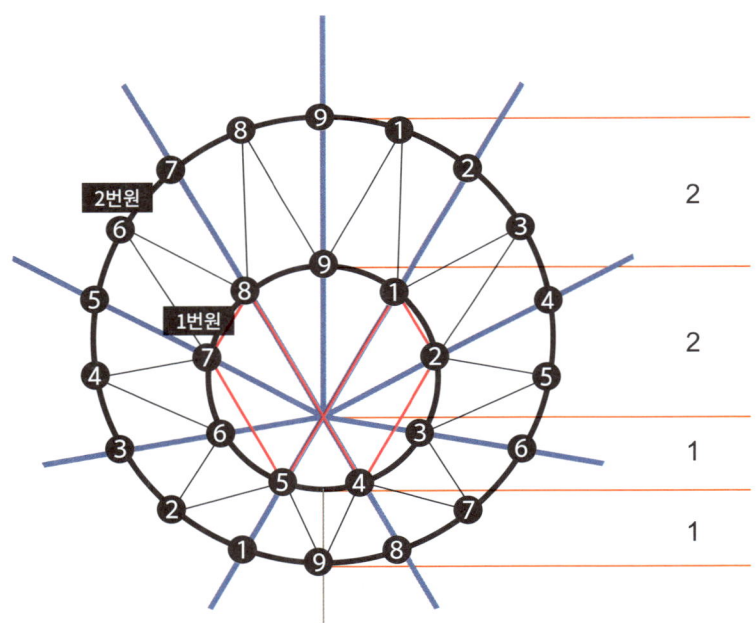

3단계-세번째 원(4번원) 그리기

3번원이 들어가는 공간을 포함하는 4번원은 3번원 보다 먼저 그려야 한다. 4번원은 2번원의 두배 크기다. 2번원이 18등분이었으니 36등분이 되어야 하며 1~9 번호 부여를 4번 반복한다. 같은 비율로 정해진 중앙통일점을 일치시킨 후 그림에서와 같이 2번원 각 꼭지점에서 두가닥으로 4번원 꼭지점을 지나는 직선을 그어 완성한 후 3번원을 그릴 수 있다.

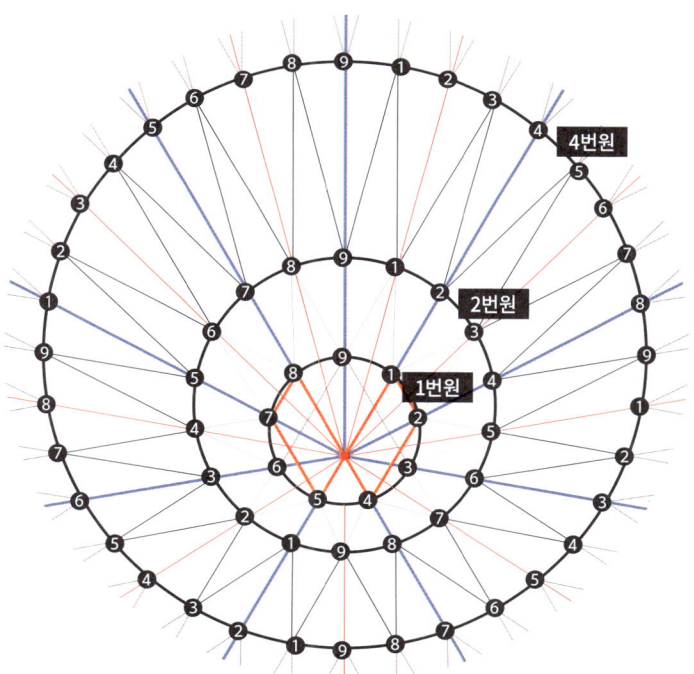

또한 중앙통일점에서 2번원의 1번꼭지점부터 시계방향으로 하나씩 건너 뛴 꼭지점을 경유하는 방사상 직선(붉은색)을 그린다. 이는 이후 그리는 원의 꼭지점 생성 위치가 된다.

4단계-네번째 원(3번원) 그리기

2번원과 4번원의 사이에 3번원을 그린다. 3번원은 2번원의 18개 꼭지점에 9개의 꼭지점을 추가한 27개 꼭지점을 가진 원이 된다.

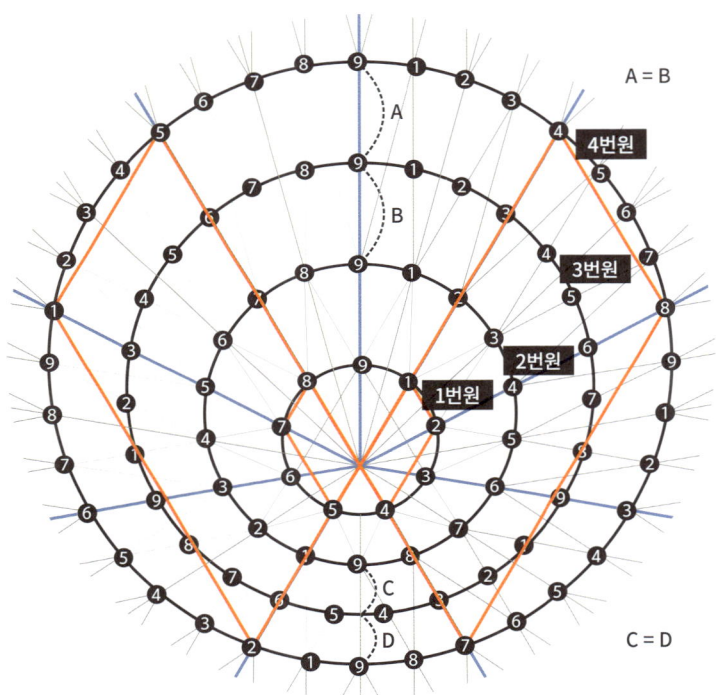

3번원 지름은 2번원 지름의 150% 크기다. 위 그림에서 보듯이 수직 9번 꼭지점과 비교하면 2번원, 4번원과 같은 간격임을 알수 있다.

4번원의 그림이 완전한지 좌우 날개를 그려 확인한다. 1-2-4-8-7-5가 4-8-7-5-1-2가 된다. 이때 그 진행순서가 4→8→5→1→2로 반복 순환하며, 순환이 제대로 되면 그림을 맞게 그린 것이다. 이어서 2번원의 1~9까지의 각 꼭지점에서 그림과 같이 4번원의 해당 꼭지점으로 2개의 연장 직선을 가지치기한다.

3번 원의 숫자 부여 과정에서 도형상으로는 2번 원에서 균등하게 석삼극이 된 직선을 시계 방향으로 한 칸 씩 건너 뛰며 숫자를 부여하는 것처럼 보인다. 이러한 과정은 앞으로 그려질 5번원, 7번원 등 홀수 원의 도형화 과정에서 반복적으로 나타난다.

5단계-다섯번째, 여섯번째 원(6번원과 5번원) 그리기

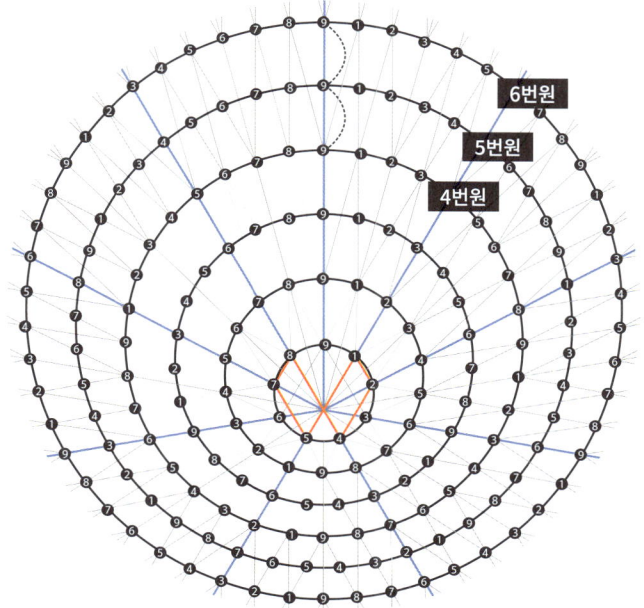

3번원을 그리기 위해 4번원을 먼저 그렸듯이 5번원을 그리려면 6번원을 먼저 그려야 한다. 6번원은 3번원 지름의 두배 지름을 갖는다. 3번원이 27개의 꼭지점을 갖고 있으니 두배인 6번원은 54개의 꼭지점을 만들어야 한다.

그렇게 만든 6번원의 중앙통일점을 일치시키고 4번원 꼭지점에서 좌우 날개 선(석삼극)을 6번원 꼭지점을 통과해 연장한다. 3번원을 그릴 때처럼 5번원(45개 꼭지점)도 4번원과 6번원 사이에 배치한다.

6단계-8번원과 7번원 그리기

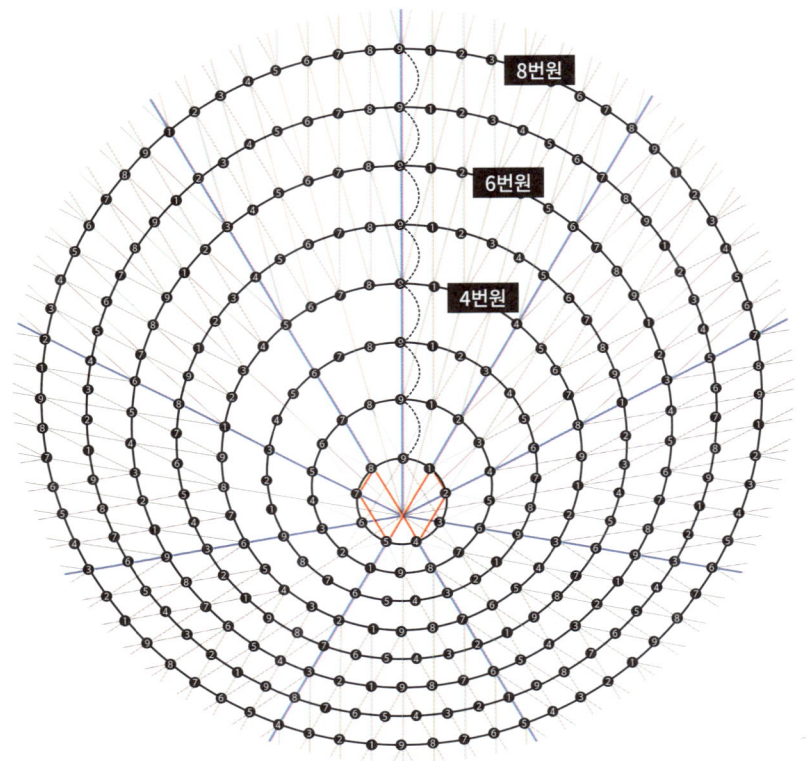

앞의 과정과 같이 7번원도 8번원을 그린 후 넣으면 쉽다. 8번원은 4번원의 두 배의 지름을 갖는다. 원의 분할도 4번원 36에서 두배인 72분할을 해야 한다. 중앙통일점을 형성한 8번원을 배치하고 6번원의 꼭지점에서 8번원의 꼭지점을 통과하는 석삼극을 그린다. 이처럼 ㅛㅓㄱ삼극은 창조의 기본 원리가 된다. 이쯤되면 도형에서 공통된 점을 발견하게 된다. 위 그림과 같이 중앙통일점 세로축 9번 꼭지점들의 간격이 일정하다는 것이다. 9번원과 10번원도 이와같이 진행된다. 그릴 때 참고하길 바란다.

7단계-10번원과 9번원 그리기

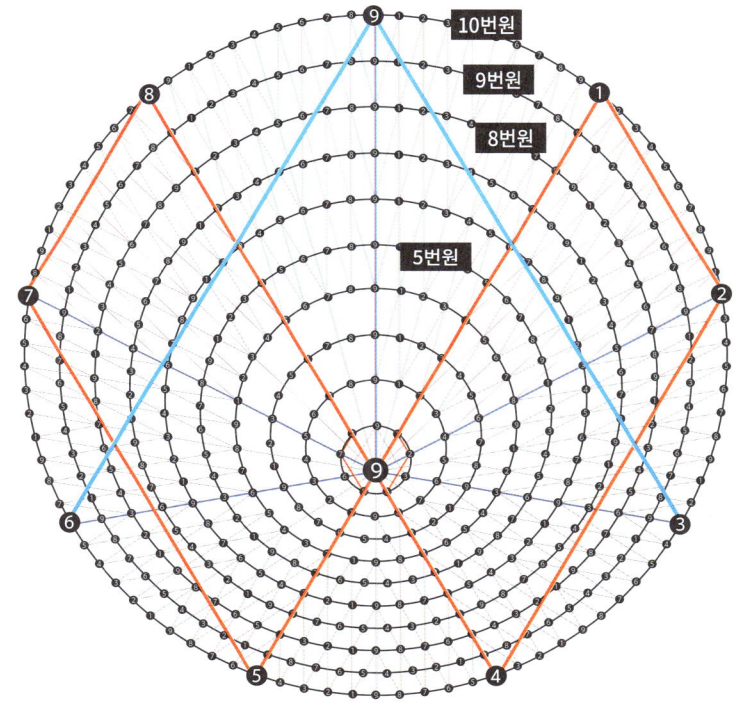

    10번원은 5번원 지름의 두 배로 90등분 90개의 꼭지점으로 8번원의 꼭지점들과 그림과 같이 연결된다. 그 사이에 81개 꼭지점을 가진 9번원이 들어간다. 10차 원까지 다 그리고나면 마지막 톱니바퀴鋸가 된다. 1적積 10거鉅이다.

    로댕Rodin은 마지막 중앙 심볼을 9(또는 0)로 넣었다. 심볼의 위치는 정 중앙이 아니라 밑에서 3분의 1 정도에 자리한다. 중앙 9를 중심으로 좌우로 살펴보면 147, 258, 369가 질서 있게 놓여 있다. 10번원에서 1-2-4-8-7-5-1을 잇고 3-9-6까지 이으면 테슬라와 로댕의 모형이 1번원과 같이 좌우날개의 완전한 대칭이 이뤄지면서 '369 천부경도형'이 정확히 완성된다.

8단계-로댕 심볼의 토러스화

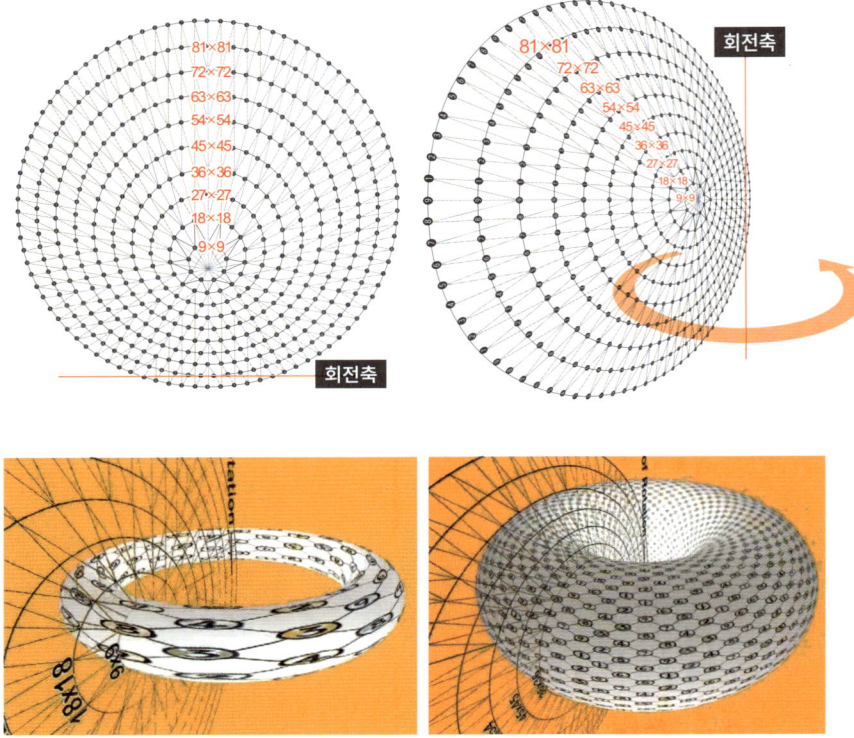

　로댕 심볼의 실제 프랙탈 특성과 이것이 아바 토러스[Abha Torus, 도넛 모양의 곡면]와 어떻게 연결되는지를 시각화한 것이다. 토리[TORI]의 회전축[AXIS OF ROTATION]이다. 9번째 링의 가장자리[81x81]를 축으로 임의적으로 보일 수 있다. 이것은 완전한 무한 로댕 수[infinite Rodin number] 행렬을 무한 영[infinite zero, 0]과 무한 9[infinite 9] 사이에 위치시킨다. 이 무한 9는 토리 행렬의 중심에서 압축된 다음 토리 행렬 바깥의 모든 것을 포함하도록 확장된다. 이 실 뭉치같은 우주로 보면, 우주는 9

겹 우주처럼 보이지만 토리는 8개이다. 왜 토러스가 8개뿐인가에 대해 "더 큰 토러스의 모든 숫자 배열은 이 8개 안에서 축소된 형태로 발견될 수 있기 때문"이라고 한다.

또 9수를 이용하면 달팽이 모양, 은하 모습도 나온다.[1]

이상과 같이 마르코 로댕의 '프랙탈 8 ABHA 토리 매트릭스'를 통해서 천부경 81자 도형을 재구성해 보았다.

마르코 로댕의 수리^{數理} 기초 이론은 3, 6, 9와 1, 2, 4, 8, 7, 5의 순환론이다. 무한대로 나아가는 모든 수리도 결국은 3, 6, 9와 1, 2, 4, 8, 7, 5의 틀 안에 있다. 우리 문화의 신비를 담고 있는 천부경과 '천부경도'의 수리를 서양의 수리이론으로 설명할 수 있다는 것은 동서양의 공통된 수학적 사유체계를 이해하는 단초가 된다고 할 수 있다. 또한 천부경이 수경^{數經}으로 불리는 만큼 앞으로도 수학적 이해가 더 필요하다고 본다. 왜냐하면 수^{數}는 천지의 조화를 인간에게 알리는 매개인 동시에 천지에 고^{告}하는 인간의 수단이기 때문이다.

다시 정리하면 천부경 수리가 '천지합일'에서 나아가 '천지인 합일'을 이룬다는 것을 테슬라369의 코드에 의해 수리적으로 입증할 수 있다. 테슬라의 369를 '우주의 비밀 코드$^{Universe\ Secret\ Code}$'라고 말하는 것은 이런 천지인 3자의 동시적 변화를 의미한 것으로 본다.

우주의 에너지 빈도 및 진동수로 보면 369는 무한한 것이다. 이때도 9는 3과 6을 제어^{컨트롤}하는 역할을 하고, 124는 3이, 875는 6이 조정한다고 할 수 있다. 이런 원리응용을 토대로 한다면, 미래과학이 무한 발전할 것으로 기대된다. 이와 함께 앞으로 '부도지'에서 말한 147, 258, 369가 어떻게 연결 순환하는지도 규명할 과제이다.

---

1) https://vortex369math.wordpress.com/category/sequences/12-fibonacci/ (소용돌이 기반 수학)

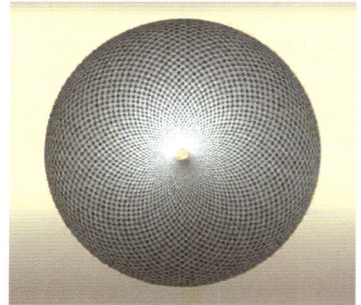
토리의 허(虛)

북극성 중심의 허(虛) 김정환 사진작가

앞의 '토리의 회전축' 그림을 이해하면 위의 두 그림의 유사성을 알 수 있다. 여기서 '토리의 허'는 천지인 합일점에 해당한다. 천지인 합일점, 즉 9겹 우주의 궁극점을 0영(零)으로 볼 수 있다. 우선 ○(원)으로 표시한다. 그 원은 공(空)이며, 허(虛)이다. '일시무시일', '일종무종일'의 무(無)로서 모든 시작의 근원이다. 모든 종시의 근원이다. 북극성의 중심의 중심은 공(空)이며, 허(虛)이며 무(無)이다.

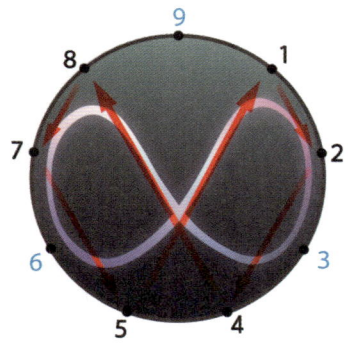
∞ 순환. 3 6과 9는 우주의 에너지 빈도 및 진동수이다

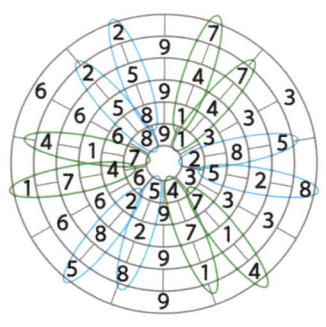
1~9의 인접수끼리 만나 147, 258을 이룬다[1]
9+1=10⇒1, 1+2=3, 2+3=5 등

---

1) https://vortex369math.wordpress.com/2013/03/13/10-ring-sets/ (소용돌이 수학, 링세트)

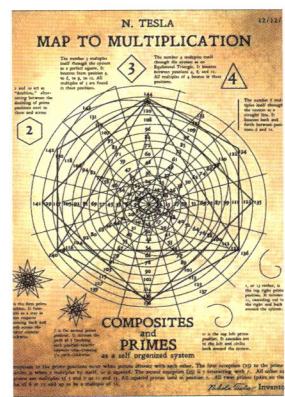

테슬라의 곱셈표

테슬라의 무선에너지 전송탑인 와덴클리프타워 모형

돌이켜보면 테슬라는 당대에 교류전동기, 발전기를 발명하여 직류에서 교류의 시대를 열어 놓았으며, 미완으로 남겨놓은 연구과제도 있다. 그가 연구과제로 삼은 궁극은 '무한 에너지 개발'이었다. 그는 무한 에너지가 개발되면 전쟁도 사라질 것으로 보았다. 또한 말로만 외치는 평화가 아니라 실질적으로 해결되는 평화 방안을 찾으려고 시도했다. 그는 '무선 에너지 전송(그림)'과 '우주와의 통신'을 연구하여[2] 라디오 전파가 무선無線으로 전달되듯이 전기도 무선으로 보낼 수 있다고 예측했다. 그 전기는 바로 프리에너지 free energy일 것이다. 석유, 석탄에 의존하지 않는, 우주에 널려 있기 때문에 모든 사람이 평등하게 사용할 수 있는 자유에너지라는 말이다. 우리는 그를 '전기의 마술사', '위대한 천재 과학자'라고 부른다. 그는 "과학이 비물리적 현상을 연구하기 시작하는 날, 과학은 존재의 모든 이전 세기보다 10년 안에 더 많은 발전을 이룰 것"이라고 말했다. 자기장의 크기를 나타내는 'T'는 테슬라의 이름 앞 자에서 딴 것이다. 고국 세르비아에 그의 박물관이 있고, 오늘날 그의 이름을 딴 '테슬라모터스'가 무공해 전기자동차를 생산하고 있다. 니콜라 테슬라의 기록물들은 현재 유네스코 세계기록유산에 등재되어 있다. ■

---

[2] 'WHO 니콜라 테슬라'(다산어린이)

| 글을 마치며 |

    천부경을 이해하는 방법도 다양할 수 있다. 편저자는 이 책을 통해 두 가지를 강조했다. 하나는 '원방각'이라는 문화코드와 다른 하나는 좀 생소한 '테슬라 코드 369'가 그것이다.

    원방각은 한국인을 비롯한 인류가 하늘 땅 사람을 이해한 원초적 부호의 하나이다. 이 원방각이 드라마 '오징어게임'에 의해 온 세상에 다시 알려졌고, 세계인들은 드라마 속의 한국 놀이문화를 통해 원방각에 대한 기억을 되새기기 시작했다. 이는 원형문화에 대한 인류의 공통적 자각으로 볼 수 있다. 여러 형태의 한류가 세계적으로 유행하는 이유도 한류가 원형문화의 재해석에 뛰어나기 때문일 것이다.

    예컨대 윷놀이도 한국인이 간직하고 있는 대표적인 원형문화의 하나인데, 최근에는 감각적인 오락들로 인해 서서히 자취를 감추고 있다. 하나의 생물종이 지구에서 사라지는 것과 다를 바 없다.

    천부경 81자에는 1에서 10까지의 수가 31번 반복해 나온다. 그래서 천부경을 수경數經이라고도 한다. 이번에 편저자가 공개한 '천부경도天符經圖'의 수리 배열은 천부경이 왜 수경인가를 분명히 밝혀주고 있다. '부도지' 이래 수리 배열의 기본 원리는

1 4 7
2 5 8
3 6 9 이다.

'부도지'가 세상에 공개된 것은 1980년대이고, 테슬라의 369가 알려지기 시작한 것도 1984년 뉴욕타임즈에 보도된 이후이다. '단탁'에 '천부경도'가 공개된 것은 이보다 이른 1921년이다.

그러면 '천부경도'의 좌우중 3수와 테슬라 369의 공통점은 무엇인가?

프리에너지free energy를 꿈꾼 테슬라는 369에 큰 철학적인 의미를 부여했다. 모든 창조는 3으로 시작되고, 6을 통해 균형을 이루며, 9로 완성된다는 이론이다. 369는 테슬라와 그 후학들에 의해 369와 124875의 두 수리체계로 설명되었다. 반면에 '부도지'와 '천부경도'는 147, 258, 369의 세 수리체계로 나누었다. 이를 '부도지'는 역법의 원리로 설명했고, 천부경은 147, 285, 369로서 수의 무궁한 생성과 변화를 설명했다. 이를 원방각으로 나누면 하늘의 원은 3이고, 땅의 방은 6이며, 사람의 각은 9가 된다.

이 중에 9는 마르코 로댕에 의하여 특이점singularity 또는 원초적 통일점Primal point of Unity으로 불렸다. 특히 9를 신 의식god consciousness이라고도 했는데, 이는 천부경의 묘연妙衍이며, '천부경도'에서 9를 원화수原化數라고 한 것과 맥을 같이 한다고 본다.

하지만 아무리 중요한 9일지라도 3-6을 떠날 수 없는 것처럼 인간도 천-지를 떠날 수 없는 존재임을 말해주고 있다. 천부경이 1~10 수 중에 3 6 9를 사람의 수로 본 것은 천지와 함께 하는 인류 역사에서 인간의 주체적 자각을 중요시한 것이라 할 수 있고, 원방각의 각角이 갖는 의미라고 할 수 있다. 나아가 전기 에너지의 자유 사용시대를 구현하려던 테슬라의 원대한 꿈이 '천부경도'에서 말한 9원화수原化數, 1합일수合一數와 테슬라369의 결합으로 완성되어 인류의 행복시대가 앞당겨지길 바라는 마음이다.

인명색인

가우스 146
게오르규(Gheorghiu) 120
계연수(桂延壽),운초 14 15 16 21 23 25 27 62 73 124
고시(高矢) 114 115
공자 49 64 73 119
권덕규 67
기정진 17
김경탁(金敬琢) 52
김구, 백범 120
김규승 118
김대거, 대산 75 78 79 80 81
김상일 168
김석진, 대산 75 84 86 87 88 150 167
김영의 70 73 133
김용옥 33
김일부 164
김재혁 68
김택영(金澤榮) 27
김형탁 17 133
노자(老子) 33 63 64 73 81 118 153 155 163
니콜라 테슬라, 테슬라 23 124-132 135 153 164
단군(檀君) 75 81 114 115 117 118
단문걸(段文杰) 54
로렌스 크라우스 59 132 134
리지린 117
마르코 로댕, 로댕 124 127 148 168 179
문왕(文王) 164 165 166
미추왕 58
박기엽 19
박병철 134
박은식 25
박제상 23 139 141
박중빈, 소태산 81
박행부 68
방립천(方立天) 155
벅민스터 풀러 149
베르베르 171
복희씨, 복희 163-166
북애자 92
서형수 36
석가 64 73
성종(成宗) 16 17
세종대왕 93
손경식, 해청 75 82 83 84
손성태 115 116
스티븐 바우어 126 148 172
신용하 42
신지혁덕(神誌赫德) 14
신채호(申采浩) 40
안경전 55
안재홍 115 133
에디슨 124
여장신(呂章申) 51
염립본(閻立本) 54
오동진(吳東振) 74
왕수인(王守仁) 45
왕인 64
윤내현 119
윤효정 25 62
이기(李沂) 14 20 25
이맥(李陌) 20
이시영(李始榮) 73
이용태 68 69
이융조 42
이정호 95 96
일연(一然) 91 92
일우 23
장지연 18 25
전병훈(全秉薰) 25 26 62 67 68 133
정자(程子) 49
정조(正祖) 16 36
정훈모 14 20
조옥구 44 150
주희(朱熹) 62
최광식 41
최남선 92 118
최시형, 해월 39
최재충 95 98 149 150
최치원(崔致遠),고운, 최공(崔公) 14 21 22 27 53 62
칸트 64
탄허 75 76 77
피보나치 131 133 134
피타고라스 128
해모수(解慕漱) 40
홍만종 92
홍범도(洪範圖) 74
환웅 14 16 52 91 92 115
환인 16 52 98
황동혁 109
황제(黃帝) 62 64

참고문헌

1. 원전

노자
단군세기
부도지
문원보불
산해경
삼국사기
삼국유사
삼일신고
설문
정신철학통편
정역
조선상고사
주역
직지심체요절
천서
태백일사
훈민정음

논문 및 도서

- **강상원** 훈민정음 언해오류(조선명륜관학술원)
- **강신항** 훈민정음 연구(성균관대)
- **구자봉** 환두대도의 分類와 名稱에 한 고찰(논문)
- **국립국어원** 훈민정음
- **국립민속박물관** 한국민속신앙사전
- **국립중앙박물관** 요시노가리 유적 일본 속의 고대 한국
- **권덕규(한벌)** 檀君天符經解(啓明 4)
- **김경탁** 韓國原始宗敎史(二)
  하느님 觀念發達史(한국문화사대계 6)
- **김구** 나의 소원
- **김규승** 동이고사 연구의 초점(범한서적)
- **김경탁** 하느님관념발달사(한국문화사대계)
- **김대수** 창의수학 콘서트(리더스하우스)
- **김상일** 부도지역법과 인류세(동연)
- **김석진** 하늘 땅 사람 이야기 대산의 천부경(동방의 빛)
- **김석진** 새로 쓴 대산주역 강의(대유학당)
- **김승민** WHO-니콜라테슬라(다산어린이)
- **김양동** 한국고대문화원형의 상징과 해석(지식산업사)
- **김영의** 단군교부흥경략(계신당)
- **김용기** 檀典要義
- **김용옥** 노자가 옳았다(통나무)
- **김주미** '한민족의 해속의 삼족오'학민문화사

김형탁	단군철학석의	원불교법무실	여래장
단국대	한한대사전	이고선	심당전서(관문사)
로렌스 크라우스/박병철	無로부터의 우주(승산)	이고선	홍익대전
류열	세나라 시기의 리두에 대한 연구(한국문화사)	이덕일	사기, 2천년의 비밀(만권당)
리지린	고조선연구(말)	이숙화	일제강점기의 천부경연구(논문)
마가렛 체니/이경복	니콜라 테슬라(양문)	이시영	감시만어(일조각)
박석재	천문류초의 오성개합 기록 등 오성결집 현상분석 (세계환단학회지 2017)	이용태	단암선생문고(박달재수련원)
		이유립	대배달민족사(고려가)
박석재	개천혁명(동아앰앤비)	이융조	한국의 선사문화–그 분석연구(탐구당)
박종오	고시례 설화의 성격고찰(논문)	이정호	훈민정음의 구조원리–그 역학적 연구 (아세아문화사)
박창범 나대일	단군조선시대 천문현상기록의 과학적 검증(한국상고사학보 1993)	이찬구	'단檀'과 홍익인간(논문)
박창범	하늘에 새긴 우리역사(김영사)	이찬구	역학과 동학의 관점에서 본 천부경(논문)
方立天	문제로 보는 중국철학(예문서원)	이찬구	'천부경석'발견으로 본 '천부경' 전승과정과 재고찰(한국사상과 문화)
삿사 미츠아키(佐佐充昭)	한말·일제시대 단군신앙 운동의 전개– 대종교·단군교의 활동을 중심으로(논문)	이찬구	돈(동방의 빛)
		이찬구	천부경(상생출판)
서일	회삼경	이찬구	천부경과 동학(모시는 사람들)
소국전(邵國田)	오한문물정화(내몽고문화출판사)	임채우	완역 정신철학통편(인월담)
손경식	천부경(홍익삼경개명원)	전병훈	정신철학통편–영인(명문당)
송래선	금척천부경(천부도원)	조옥구	천부경의 신비(백암)
손성태	우리민족의 대이동–멕시코편(코리)	조용중	環頭大刀의 環頭內에 登場する 圖像考察
송호수	한민족의 뿌리사상(가나출판사)	조준희	한국고대사의 시공간적 문헌적 범위
신용하	한국민족의 기원과 형성 연구 (서울대출판문화원)	채인후	중국철학사(동방의 빛)
		최남선/전성곤	단군론(경인문화사)
안경전	영보국정정지법(상생출판)	최몽룡	21세기의 한국고고학(주류성)
안경전	환단고기 역주(상생출판)	최재충	천부경과 수의 세계(한민족)
안재홍	조선상고사감(우리역사연구재단)	탄허	부처님이 계신다면(교림)
엘리아데 이동하 역	성과 속(학민사)	탄허	천부경 병풍(국조단군)
엘리아데 이은봉 옮김	성과 속(한길사)	한국민족종교협의회	한국민족종교문화대사전
여장신(呂章申)	瑪雅; 美的語言(북경시대문화서국)	한국학중앙연구원	한국민족종교문화대사전
애머 액젤/신현용	무한의 신비(숭산)	Deepak Singh	Pi, Time and Nikola Tesla 369: Pi(π) Is Time. Lets Do Time Travel
우실하	3수분화의 세계관(소나무)		
유환희	우리 하늘 우리 땅 우리의 조선철학(장원)	Steven Bauer	Vortex Based Mathematics A Biblical Perspective
윤상철	천상열차분야지도(대유학당)		

기타: 문헌에 등장하지 않은 각종 자료는 인터넷, 유튜브 등 참고